FRENCH BUSINESS SITUATIONS

In the same series

*German Business Situations**
Paul Hartley and Gertrud Robins

*Italian Business Situations**
Vincent Edwards and Gianfranca Gessa Shepheard

*Spanish Business Situations**
Michael Gorman and María-Luisa Henson

Manual of Business French
Stuart Williams and Nathalie McAndrew-Cazorla

Manual of Business German
Paul Hartley and Gertrud Robins

Manual of Business Italian
Vincent Edwards and Gianfranca Gessa Shepheard

Manual of Business Spanish
Michael Gorman and María-Luisa Henson

*Accompanying cassettes available

FRENCH BUSINESS SITUATIONS

A spoken language guide

**Stuart Williams
and
Nathalie McAndrew-Cazorla**

London and New York

Stuart Williams is Principal Lecturer at the School of Languages and European Studies, University of Wolverhampton.

Nathalie McAndrew-Cazorla works in public relations for an international bank.

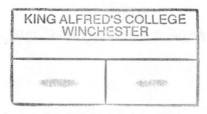
In the preparation of this handbook every effort was made to avoid the use of actual company names or trade names. If any has been used inadvertently, the publishers will change it in any future reprint if they are notified.

First published 1995
by Routledge
11 New Fetter Lane, London EC4P 4EE

Simultaneously published in the USA and Canada
by Routledge
29 West 35th Street, New York, NY 10001

© Stuart Williams and Nathalie McAndrew-Cazorla 1995

Typeset in Rockwell and Univers by Solidus (Bristol) Limited
Printed and bound in Great Britain by TJ Press (Padstow) Ltd, Cornwall

British Library Cataloguing in Publication Data
A catalogue record for this book is available from the British Library

Library of Congress Cataloguing in Publication Data
A catalogue record for this book has been requested

ISBN 0–415–12842–0 (pbk)
ISBN 0–415–12843–9 (pack)

Contents

How to use this book

The spoken situations which follow are intended to cover a wide range of business interactions, from the brief and informal through to the more formal and prolonged exchange typical of the negotiating or interview situation. The user is encouraged not simply to read the situations together with their parallel English version, but to attempt, individually or in group work, with the help of the recording if applicable, the following exploitation exercises:

- using the original situations as models, construct dialogues on similar lines with the available vocabulary
- use the situations, or sections of them, as the basis for role-play exercises
- interpreting practice French/English, English/French
- practice in oral summary (i.e. listen to the recorded French version, and then summarize the content, in English or in French)
- oral paraphrase: listen to one version, then recount it using different expressions, but attempting to keep the same meaning
- transcription/dictation practice from the recording
- translation practice French/English, English/French

The material in the situations is intended as a basis for further expansion and exploitation, and is ideal for use in in-house training programmes, or in open learning centres, as well as for individual use.

Please note that English typesetting conventions have been followed throughout this book.

Première partie
Section I

Au téléphone
On the telephone

1 Making an enquiry

(a) Can I visit?

Maureen Simmons   Good morning. Robinson's Motors.

Mr Lewis   Hello, my name is Lewis. I've just seen your advert for the Riva 25s available on fleet terms. We've been looking for half a dozen vehicles at the right price for a while and your offer interests us.

Maureen Simmons   Fine. Would you like me to send you more information?

Mr Lewis   No, thanks. I'd rather come down to your salesroom this afternoon with a colleague to discuss the matter with you.

Maureen Simmons   No problem, sir. My name is Maureen Simmons and I'll be available from 2.30. Can you give me your name again and your company, please?

Mr Lewis   Of course. It's Alan Lewis, from Stafford Electronics. I know where you are, so I'll be there for 2.30. See you then, goodbye.

Maureen Simmons   Thanks, see you later.

(b) Do you sell . . . ?

Telephonist   Preece and Pritchard. Good morning.

James Davies   Good morning. Could you put me through to Sales?

Telephonist   Certainly. Just a moment.

Assistant   Sales, good morning.

James Davies   My name is James Davies, from Goodright Inc. Can you tell me if you sell water pumps?

Assistant   Yes, we do. Industrial and domestic.

James Davies   Can you send me a copy of your catalog and price list?

Assistant   Certainly, just give me your details. I'll get it off to you later today.

1 Comment se renseigner

(a) Puis-je venir vous rendre visite?

Marie Simon	Bonjour. Automobiles Robinson.
Alain Leroi	Bonjour Madame, Monsieur Leroi à l'appareil. Je viens juste de voir votre annonce concernant la Riva 25 et plus particulièrement l'achat en nombre pour les entreprises. Cela fait déjà un certain temps que nous cherchions une douzaine de véhicules à un prix intéressant et votre offre pourrait nous intéresser.
Marie Simon	Oui, très bien. Voudriez-vous que je vous fasse parvenir de plus amples informations concernant cette offre?
Alain Leroi	Non, merci. J'aurais préféré venir vous rendre visite avec un collègue dans vos locaux cet après-midi afin d'en discuter.
Marie Simon	Bien sûr, aucun problème. Je suis Marie Simon et je serai disponible à partir de 14h30. Pourriez-vous me redonner votre nom s'il vous plaît, ainsi que le nom de votre entreprise?
Alain Leroi	Bien sûr. Je suis Alain Leroi et il s'agit de l'entreprise Saumon Electronique SA. Je sais où vous vous situez et serai dans vos locaux à 14h30. A tout à l'heure. Merci.
Marie Simon	Je vous en prie,[1] au revoir.

1 The usual rejoinder to *merci*; cf. 'You're welcome.'

(b) Vendez-vous des . . . ?

Téléphoniste	Perrault et Richard. Bonjour.
Jean David	Bonjour. Pourriez-vous me passer quelqu'un du service commercial s'il vous plaît?
Téléphoniste	Oui, bien sûr; veuillez patienter quelques instants.
Employé	Service commercial, bonjour.
Jean David	Jean David à l'appareil, de l'entreprise Bonne Voie SA. Je vous appelle pour savoir si vous vendez des pompes à eaux.
Employé	Oui, bien sûr. A utilisation industrielle et individuelle.
Jean David	Vous serait-il possible de m'envoyer un exemplaire de votre catalogue et vos tarifs?
Employé	Bien sûr. Si vous me donnez vos coordonnées, je vous les envoie aujourd'hui même.

2 Ordering

(a) Placing an order

Tracy	DIY Stores, Tracy speaking. How can I help you?
Customer	I should like to order some plywood please.
Tracy	Certainly sir, please wait a moment while I put you through.
Wood department	Wood department.
Customer	I would like to order quite a large quantity of plywood.
Wood department	Certainly sir. Do you know what quality or can you tell me what it is for?
Customer	The purpose is to make shelving and the quality should be good enough to hold books.
Wood department	Right, then I would suggest three-ply 1½ cm thickness. How many metres do you want to order?
Customer	I need 150 metres. Is there a discount for quantity?
Wood department	There are progressive discounts from 50 metres.
Customer	Very good. I will give you my address and perhaps you can tell me when I can expect delivery and what invoicing procedure you operate.

(b) Changing an order

Colin Pine	Please put me through to Steve Jones in Sales. . . . Hello, Steve. Colin here. I've had a think about what you suggested yesterday regarding the photocopier we ordered. We've decided to change our order from the CF202 to the FC302. I think that will meet our requirements better. Shall I send you a new order?
Steve Jones	That would be a good idea. And can you send it with a note cancelling the initial order?
Colin Pine	Yes, thanks. Bye.

2 Commander

(a) Faire une commande

Tina	Magasins Bricolage,[1] Tina à l'appareil. Puis-je vous aider?
Client	Je voudrais commander du contreplaqué s'il vous plaît.
Tina	Oui, veuillez patienter quelques instants s'il vous plaît, je vous passe la personne qui s'en occupe.
Rayon bois[2]	Rayon bois.
Client	J'aimerais commander une quantité relativement importante de contreplaqué.
Rayon bois	Oui, vous en connaissez la qualité , ou pouvez-vous me dire à quelle utilisation vous le destinez?
Client	C'est pour faire des étagères et la qualité doit pouvoir être assez bonne pour supporter des livres.
Rayon bois	Oui, alors je vous suggérerais de prendre du contreplaqué à trois couches et d'un centimètre et demi d'épaisseur. Combien de mètres en voulez-vous?
Client	J'aurai besoin de 150 mètres. Y a-t-il une remise pour les grandes quantités?
Rayon bois	Il y a des remises progressives à partir de 50 mètres.
Client	Très bien. Je vais vous donner mon adresse et peut-être pourrez-vous me dire quand je peux espérer la livraison et quelles sont vos modes de facturation.

1 French for DIY is taken from the verb *bricoler* to make and mend.
2 *Rayon* is the word for 'department' of a department store.

(b) Modifier une commande

Charles Prince	Pourriez-vous me passer Sasha Jarre du service commercial. . . . Bonjour Sasha, Charles à l'appareil. J'ai repensé à ce que vous m'avez suggéré hier au sujet de la photocopieuse que nous avons commandée. Nous avons décidé de modifier notre commande et voudrions le modèle FC302 au lieu du CF202. Je pense qu'il sera plus approprié à nos besoins. Voulez-vous que je vous envoie un nouveau bon de commande?
Sasha Jarre	Cela serait une bonne idée. Pourriez-vous également m'envoyer une notification écrite de l'annulation de votre première commande?
Charles Prince	Entendu. Merci. Au revoir.

(c) Cancelling an order

Store manageress	Hello, Sandhu's Wholesale.
Client	Morning. It's Mrs Wilson here, of Lomas Supermarket. I'm ever so sorry, but my brother has got our order wrong this week. Do you mind if we change it over the phone?
Store manageress	No, madam, as long as there's nothing perishable that we've had to order specially. Can you give me the order number?
Client	Yes, it's SCC231. We only put it in three days ago and it's all packaged catering goods. All we want to do is cancel the soft drinks and the cereals, and have instead another 15 large boxes of Mercury. Do you think that's possible?
Store manageress	I've found the order and the invoice. We can change that before you call tomorrow and I'll make you out another bill. Will you pay on the spot?
Client	Yes, by cheque as usual. Thanks for your help. Goodbye.

(d) Confirming receipt of an order

Telephonist	Klapp and Weaver. Good morning.
Julie Little	Morning. Can I speak to Mr Preece, please?
Telephonist	Yes, putting you through now. Thank you.
George Preece	Hello, Preece here.
Julie Little	Morning Mr Preece. Julie Little here. I'm ringing to confirm receipt of our order number B/397/386.
George Preece	The radial tyres?
Julie Little	Yes, that's the one. They arrived today. You asked me to confirm receipt as soon as possible.
George Preece	Well, thanks for getting back to me.
Julie Little	We'll settle your invoice in the next few days.
George Preece	Fine. Thanks for ringing. Goodbye.
Julie Little	Goodbye.

(c) Annuler une commande

Gérante du magasin	Bonjour, Vente en gros Sagan.
Cliente	Bonjour. Mme Villeneuve à l'appareil, Supermarché Lamartine. Je suis vraiment désolée mais mon frère a fait une erreur cette semaine en passant notre commande. Cela vous ennuierait-il de faire la modification par téléphone?
Gérante du magasin	Non madame, à partir du moment où il ne s'agit pas de produits périssables qu'il nous fallait commander spécialement. Pourriez-vous me donner le numéro de votre commande?
Cliente	Oui, bien sûr, c'est le SCC231. Il y a seulement trois jours que nous avons passé cette commande et il ne s'agit que de produits alimentaires conditionnés. Tout ce que nous voulons, c'est annuler les boissons non alcoolisées et les céréales et recevoir en échange 15 grandes boîtes de Mercure. Est-ce que vous pensez que ce sera possible?
Gérante du magasin	J'ai trouvé la commande et la facture. Nous pouvons changer tout cela avant que vous veniez demain et je vous ferai une nouvelle facture. Pourrez-vous payer tout de suite?
Cliente	Oui, par chèque comme d'habitude. Merci beaucoup. Au revoir.

(d) Confirmer une commande

Téléphoniste	Claude et Tisserand. Bonjour.
Juliette Legrand	Bonjour. Puis-je parler à M. Perle s'il vous plaît?
Téléphoniste	Oui, ne quittez pas[1] s'il vous plaît, merci.
Georges Perle	Bonjour, M. Perle à l'appareil.
Juliette Legrand	Bonjour M. Perle. Juliette Legrand à l'appareil. Je vous appelle pour vous dire que nous avons bien reçu notre commande n° B/397/386.
Georges Perle	Les pneus à carcasse radiale?
Juliette Legrand	Oui, c'est cela. Ils sont arrivés aujourd'hui. Vous m'aviez demandé de vous appeler dès que je les aurais.
Georges Perle	Merci beaucoup de m'avoir appelé.
Juliette Legrand	Nous réglerons votre facture[2] d'ici quelques jours.
Georges Perle	Très bien. Merci. Au revoir.
Juliette Legrand	Au revoir.

1 Literally, 'do not leave', i.e. 'hold the line'.
2 'We will settle your invoice.'

(e) Clarifying details of an order

Edward	Good afternoon, DIY Stores, Edward speaking.
Customer	Hello, I am ringing about an order I made on the 27th. My name is Jones.
Edward	Just a moment ... Mr B. Jones, 24 litres of paint to be delivered on the 4th?
Customer	Yes, that's the order but I would like to change one or two details if I may.
Edward	Certainly sir. Go ahead.
Customer	I originally ordered 6 litres of eggshell blue matt, I would like to change that to sky blue vinyl silk. Is that OK?
Edward	Yes that is all right. We have it in stock. Anything else?
Customer	Just the delivery address. Could you deliver the paint to the site, 34 Western Way, on the 4th as agreed?
Edward	No problem, sir.

(e) Clarifier certains éléments d'une commande

Edouard	Magasins Bricolage, bonjour, M. Edouard à l'appareil.
Client	Bonjour, j'appelle au sujet d'une commande que j'ai faite le 27. Je suis M. Joffe.
Edouard	Attendez une seconde ... M. B. Joffe, 24 litres de peinture devant être livrés le 4?
Client	Oui, c'est bien la commande mais j'aimerais changer un ou deux détails si je le peux.
Edouard	Mais bien sûr. Allez-y, je vous écoute.
Client	J'ai tout d'abord commandé 6 litres de peinture, coquille d'œuf bleu mat, et j'aimerais les remplacer par une peinture vinylique bleu ciel. Est-ce que c'est possible?
Edouard	Oui, bien sûr, c'est tout à fait possible. Nous en avons en stock. Y a-t-il autre chose?
Client	Simplement l'adresse à laquelle la commande doit être livrée. Vous serait-il possible de livrer la peinture sur le chantier,[1] 34 Western Way, le 4 comme convenu?
Edouard	Aucun problème, Monsieur.

1 *Chantier* can be used for any work site, building site, etc.

3 Making an appointment

Receptionist	Good morning, Chiltern International. Can I help you?
Paul Wignall	Good morning, I would like to speak to Mrs Mills's secretary.
Receptionist	One moment, please.
Secretary	Sue Jones.
Paul Wignall	Good morning, Ms Jones. My name is Wignall, from Whitnash Industries. I shall be in your area next week and would like to discuss product developments with Mrs Mills. Tuesday or Wednesday would suit me best.
Secretary	Please hold on and I'll check Mrs Mills's diary. She could see you Wednesday morning at 10.
Paul Wignall	That would be fine. Thank you very much.
Secretary	You're welcome.
Paul Wignall	Goodbye.
Secretary	Goodbye.

3 Prendre rendez-vous

Réceptionniste	Chartres International, bonjour. Puis-je vous aider?[1]
Paul Vincent	Bonjour, j'aimerais parler à la secrétaire de Mme Millais s'il vous plaît.
Réceptionniste	Oui, un instant s'il vous plaît.
Secrétaire	Suzanne Gérard à l'appareil.
Paul Vincent	Bonjour Mme Gérard. Je suis M. Vincent de Villefranche SA. Je serai dans votre région la semaine prochaine et j'aimerais discuter du développement des produits avec Mme Millais. Mardi ou mercredi me conviendraient le mieux.
Secrétaire	Attendez un instant s'il vous plaît. Je vérifie dans l'agenda de Mme Millais. Elle pourrait vous voir mercredi matin à 10h00.
Paul Vincent	Ce sera parfait. Merci beaucoup.
Secrétaire	Je vous en prie.
Paul Vincent	Au revoir.
Secrétaire	Au revoir.

1 Alternative: 'Que puis-je faire pour vous?'.

4 Invitation to attend a meeting

Secretary   Hello, Mr Anguita?

Director   Yes, speaking.

Secretary   Julia Clemente here. I'm secretary to Lucía Ordóñez, public relations manager at Agencia Rosell, Barcelona.

Director   Oh, yes. We met last month at the trade fair in Tarragona. She mentioned that your agency could perhaps assist my company.

Secretary   That's right. Well, since then she has been in touch with a number of local firms who wish to set up joint projects elsewhere in Europe. A meeting is scheduled for Tuesday, 6 October, at our offices here in Barcelona. She has written to invite you. I'm ringing now to give you advance warning.

Director   That's very kind. I'll check my diary and either way I'll get my secretary to ring you before the weekend. Will you thank Ms Ordóñez and tell her I hope I will be able to make it on the 6th?

Secretary   I will. Thank you, Mr Anguita. By the way, our number is 3516784.

Director   Sorry, I nearly forgot to ask you! Right. Send her my regards, and thanks again. Goodbye.

Secretary   Good afternoon.

4 Invitation à participer à une réunion

Secrétaire	Bonjour, Monsieur Anguita?
Directeur	Oui, moi-même.
Secrétaire	Julia Clémente à l'appareil. Je suis la secrétaire de Lucía Ordóñez, directrice des relations publiques à Agencia Rosell à Barcelone.
Directeur	Ah, oui. Nous nous sommes rencontrés le mois dernier lors du salon professionnel à Tarragone. Elle m'a fait savoir que votre agence pourrait peut-être aider mon entreprise.
Secrétaire	Oui, c'est bien cela. Eh bien depuis, elle est entrée en contact avec plusieurs entreprises de la région qui désirent entreprendre des démarches communes dans d'autres pays européens. Une réunion devrait avoir lieu mardi 6 octobre ici, dans nos bureaux de Barcelone. Elle vous a écrit pour vous inviter à y participer et je vous téléphone pour vous en prévenir à l'avance.
Directeur	C'est très gentil. Je vais vérifier mon agenda et quelle que soit ma réponse, je demanderai à ma secrétaire de vous téléphoner avant le week-end prochain. Remerciez Madame Ordóñez et dites-lui[1] que j'espère vraiment pouvoir venir le 6.
Secrétaire	Je le lui dirai. Merci, Monsieur Anguita. Je vous donne notre numéro de téléphone ici, c'est le 35 17 784.
Directeur	Ah oui, j'aurais presque oublié de vous le demander. Bon, transmettez-lui mes meilleurs salutations et merci encore. Au revoir.
Secrétaire	Je vous en prie. Au revoir.

1   *Lui* – 'to her' as well as 'to him'.

5 Apologizing for non-attendance

(a) At a future meeting

Nancy Richards	Nancy Richards.
Bill Perkins	Morning, Nancy. Bill Perkins here.
Nancy Richards	Hello, Bill, how are you?
Bill Perkins	Fine thanks. Look, I've just received notice of the meeting for the Sales Department next Tuesday.
Nancy Richards	Yes, is there a problem?
Bill Perkins	Afraid so. I'll have to send my apologies. I'm already committed to a trade fair trip.
Nancy Richards	OK. I'll pass on your apologies. Can you send someone else?
Bill Perkins	I've a colleague who can probably come. Her name is Susie Rogerson. She'll contact you later today.
Nancy Richards	Fine. Well, have a nice trip. I'll see you when you get back.

5 Se faire excuser de ne pas pouvoir assister

(a) A une réunion ultérieure

Nadine Richard	Allô, Nadine Richard à l'appareil.
Bernard Péguy	Bonjour Nadine. C'est Bernard Péguy.
Nadine Richard	Bonjour Bernard, comment allez-vous?
Bernard Péguy	Très bien, merci. Je viens juste d'apprendre qu'il y aura une réunion pour le service commercial mardi.
Nadine Richard	Oui. Y-a-t-il un problème?
Bernard Péguy	Oui, j'en ai peur. Il faudra que vous m'excusiez mais je me suis déjà engagé et dois me rendre à un salon professionnel.
Nadine Richard	D'accord. Je transmettrai. Quelqu'un d'autre pourrait-il vous représenter?
Bernard Péguy	J'ai une collègue qui pourrait probablement venir. Il s'agit de Suzanne Roger. Elle vous contactera plus tard aujourd'hui.
Nadine Richard	Très bien. Bon, faites bon voyage. Je vous verrai lors de votre retour.

(b) At a meeting that has already been held

George Parsons	Could you put me through to the Managing Director please.
Secretary	Certainly, sir. One moment please.
Henry Sachs	Hello, George. We missed you yesterday.
George Parsons	I am calling to apologize. I didn't write because I intended to come and was prevented at the last moment.
Henry Sachs	I gather there's a spot of bother in the Gulf.
George Parsons	Oh, you've heard. Bad news travels fast. Yes, we have a container ship on its way and rumours of war at its destination.
Henry Sachs	What will you do? Send it somewhere else pro tem?
George Parsons	Yes, but don't worry – I'll sort it out. Meanwhile how did your 'do' go?
Henry Sachs	Very well. All the important people came. Barry Clerkenwell from the BOTB was asking for you. I said you'd give him a bell.
George Parsons	Will do. I'm really sorry that I couldn't make it.

(b) A une réunion qui a déjà eu lieu

Georges Poisson	Pourriez-vous me passer le directeur général s'il vous plaît?
Secrétaire	Bien sûr, Monsieur. Veuillez patienter quelques instants s'il vous plaît.
Henri Sachs	Bonjour Georges. Tu nous as manqué[1] hier.
Georges Poisson	Je te demande de m'excuser. Je n'ai pas écrit car je pensais vraiment pouvoir venir mais j'ai eu un empêchement de dernière minute.
Henri Sachs	J'ai cru comprendre que le Golfe est à la source de quelques soucis.
Georges Poisson	Ah, tu es au courant.[2] Les mauvaises nouvelles se répandent vite. Oui, nous avons un porte-conteneurs en route et, il y a rumeur de guerre à destination.
Henri Sachs	Que vas-tu faire? L'envoyer ailleurs temporairement?
Georges Poisson	Oui mais ne t'inquiète pas. Je résoudrai ce problème. Et pour toi, comment s'est passée ta soirée?
Henri Sachs	Très bien. Toutes les personnes importantes étaient présentes. Thierry Maréchal du Ministère m'a demandé de tes nouvelles. Je lui ai dit que tu lui passerais un coup de fil[3].
Georges Poisson	Je le ferai. Je suis vraiment désolé de ne pas avoir pu venir.

1 Literally, *you were lacking to us.*
2 To be *au courant* (*de quelque chose*) means 'to be informed'. The familiar *tu* forms are being used by these friends.
3 Colloquial language (*langage parlé*). Cf. 'give him a bell.'

6 Making a complaint

Max Russell	May I speak to the Service Department, please.
Assistant	Hello, Service Department.
Max Russell	Hello, my name's Russell, from Littleborough Plant & Equipment. Item IP/234 was ordered by us two weeks ago and has still not been delivered. I rang on Wednesday and was promised delivery by 5 p.m. yesterday. We still haven't received the part.
Assistant	I'm sorry, Mr Russell, let me check . . . I'm afraid the part still hasn't come in to us. It's still on order from the manufacturer.
Max Russell	Look, I'm not interested in all that. I just want to know when we'll get the part. I stand to lose a good customer if I don't repair his machinery. If I don't get the part today, I'll go to another supplier.
Assistant	I'll chase up the manufacturer and see what I can do. I'll get back to you by 1 o'clock and let you know what the situation is.

6 Se plaindre[1]

Max Roussel	Pourrais-je parler au service clientèle s'il vous plaît?
Assistant	Service clientèle, bonjour.
Max Roussel	Bonjour. Je suis M. Roussel, d'Equipement et Matériel Longchamps. Nous avons commandé, voici deux semaines l'article IP/234 et il n'a toujours pas été livré. J'ai téléphoné mercredi et on m'a promis une livraison hier à 17h00 au plus tard. Nous n'avons toujours pas reçu cette pièce.
Assistant	Je suis désolé, M. Roussel, attendez, je vérifie ... Je suis désolé mais nous n'avons nous-mêmes toujours pas reçu cette pièce. Elle est toujours en commande chez le fabricant.
Max Roussel	Ecoutez, cela ne m'intéresse pas. Tout ce que je veux savoir c'est quand j'aurai cette pièce. Je risque de perdre un très bon client si je ne répare pas sa machine. Si je n'ai pas reçu ce qui me manque cet après-midi, j'irai le chercher chez un autre fournisseur!
Assistant	Je vais rappeler le fabricant et voir ce que je peux faire. Je vous rappelle avant 13h00 pour vous faire connaître la situation.

1 Note this is a reflexive verb – *je me plains,* and so on.

7 Reminder for payment

Tardy customer	Good day. Des Morrison speaking.
Supplier	Hello, Mr Morrison. It's Bankstown Mouldings here. Did you receive a letter from us last week reminding you about the outstanding account you have with us?
Tardy customer	No, can't say I've seen it. Mind you, that's no surprise when you see the state of this office. We've just moved from the middle of town.
Supplier	Oh. I didn't know that. Well, it's an invoice for $2,356 which we sent out on 17 April; it probably arrived on 19 or 20 April.
Tardy customer	Can you remind me what it was for?
Supplier	Of course. We supplied you in March with several hundred wood and plastic ceiling fittings for the houses you were working on at the time. The invoice code is QZ163P.
Tardy customer	OK. I'll ask my wife to have a good look for it. In the meantime, could you send me a copy so that we can pay up at the end of the month even if we can't trace the original?
Supplier	That's no problem. I'll fax it to you this afternoon if you have a machine.
Tardy customer	No way. I haven't seen ours since we moved! Send it by post to this address: Unit 12, Trading Estate, Pacific Highway. We'll settle up as soon as we get it. Sorry for the hassle.
Supplier	I'll post a copy today, and rely on you to keep your word.

7 Rappel de règlement dû

Client en retard de paiement	Bonjour. Daniel Montand à l'appareil.
Fournisseur	Bonjour, M. Montand. Société Moulages Lebrun à l'appareil. Avez-vous reçu notre lettre la semaine dernière vous rappelant que votre compte chez nous est arriéré?
Client	Non, je ne peux pas dire que je l'aie vue. Remarquez, il n'y a rien de surprenant quand on regarde l'état de ce bureau. Nous venons juste de déménager du centre ville.
Fournisseur	Ah, je ne le savais pas. C'est une facture d'un montant de 2 356 dollars que nous vous avons envoyée le 17 avril; elle vous est probablement parvenue le 19 ou le 20.
Client	Pouvez vous me rappeler ce qu'elle représentait?
Fournisseur	Bien sûr. Nous vous avons fourni en mars plusieurs centaines d'installations en bois et en plastique pour les plafonds des maisons sur lesquelles vous travailliez à l'époque. Le numéro de la facture est QZ163P.
Client	Entendu, je vais demander à ma femme de la chercher. En attendant, pourriez-vous m'en envoyer une copie afin que je puisse vous payer à la fin du mois au cas où je ne retrouve pas l'original?
Fournisseur	Mais tout à fait. Je vous la télécopierai cet après midi. Vous avez un télécopieur?
Client	Non, ce n'est pas une bonne idée. Je n'ai pas revu notre machine depuis que nous avons déménagé. Envoyez-la à cette adresse: Atelier numéro 12, Zone Industrielle de la Loire, 44 000 Nantes. Nous vous réglerons dès réception. Désolé de vous avoir causé du tracas.
Fournisseur	Bon, je vous envoie une copie maintenant et espère pouvoir vous faire confiance.[1]

1 *Faire confiance à quelqu'un* – literally, 'to trust someone'.

8 Enquiry about hotel accommodation

Telephonist	Good morning, Hotel Brennan. Can I help you?
Customer	Hello. Can you put me through to Reservations?
Telephonist	Certainly. Putting you through now.
Reservations desk	Reservations.
Customer	Morning. Could you tell me if you have a double room free from 14 to 16 May, or from 18 to 20 May?
Reservations desk	Just a moment. I'll check for you. Yes, we do. On both dates.
Customer	Could you tell me the price?
Reservations desk	The price per night, with bath and including breakfast, is £160. That includes service and VAT. Do you want to make a reservation?
Customer	I'll get back to you on it. Thank you. Goodbye.
Reservations desk	Goodbye.

8 Demande de renseignements au sujet de chambres d'hôtel

Téléphoniste	Hôtel Brennan. Bonjour. Puis-je vous aider?
Client	Bonjour. Pouvez-vous me passer le service réservations s'il vous plaît?
Téléphoniste	Bien sûr. Patientez quelques instants s'il vous plaît.
Service des réservations	Service des réservations.
Client	Bonjour. Pouvez-vous me dire si vous avez une chambre double disponible du 14 au 16 mai ou du 18 au 20?
Service des réservations	Patientez une seconde s'il vous plaît. Je vérifie. Oui, c'est bon dans les deux cas.
Client	Pouvez vous m'indiquer vos prix?
Service des réservations	C'est 1 312 francs par nuit avec salle de bains, petit déjeuner compris. Service et TVA[1] sont également compris. Voulez-vous faire une réservation?
Client	Je vous rappelle. Merci beaucoup. Au revoir.
Service des réservations	Au revoir.

1 Short for *taxe à la valeur ajoutée.*

9 Changing an appointment

Susana López	Hello. May I speak to Elena Aznar?
Elena Aznar	Yes, that's me. How can I help you?
Susana López	This is Susana López. I rang yesterday to see if I could visit the Ministry on Friday to discuss with your staff the new plans for tax reforms in the recent Budget. Unfortunately, my boss has just told me that the time we fixed is no good as I have to attend an urgent meeting with him. Could we possibly change our appointment?
Elena Aznar	I'm sorry that's happened, but don't worry. When do you think you can come?
Susana López	Any chance of the following week, maybe Tuesday afternoon?
Elena Aznar	It is not possible, I'm afraid. How about Thursday at about 10.30? All the key staff should be here then.
Susana López	If you can give me a moment, I'll check. . . . Yes, that's fine as long as you don't mind me leaving by 1 p.m. – my boss has to fly to the States in the afternoon.
Elena Aznar	That will suit us. When you arrive, please inform the security staff and they will direct you to the relevant department, which is on the fourth floor. OK?
Susana López	Many thanks for being so helpful. Looking forward to seeing you on the 8th.
Elena Aznar	Me too. Goodbye.

9 Reporter[1] un rendez-vous

Susana López	Bonjour. Puis-je parler à Elena Aznar s'il vous plaît?
Elena Aznar	Oui, elle-même. Que puis-je faire pour vous?
Susana López	Je suis Susana López. J'ai téléphoné hier pour voir si je pouvais me rendre[2] au Ministère vendredi afin de discuter avec votre personnel des nouveaux projets de réforme fiscale annoncés dans le dernier budget. Malheureusement, mon directeur vient juste de me dire que le rendez-vous que j'ai pris ne convient pas car je dois assister à une importante réunion avec lui. Pourrions-nous changer l'heure de ce rendez-vous?[3]
Elena Aznar	Je suis désolée que vous ayez cet empêchement, mais ne vous inquiétez pas. Quand pensez-vous pouvoir venir?
Susana López	Y a-t-il une possibilité pour la semaine prochaine? Peut-être mardi après-midi?
Elena Aznar	Je ne crois pas, non ce n'est pas possible. Et jeudi à 10h30? Tout le personnel-clé devrait alors être disponible.
Susana López	Patientez un instant s'il vous plaît. Je vais vérifier. . . . Oui, c'est bon à partir du moment où vous n'avez pas d'objection à ce que je parte à 13h00 – mon directeur doit partir pour les États-Unis l'après-midi même.
Elena Aznar	Ce n'est pas grave du tout. Lorsque vous arriverez, veuillez en informer la sécurité et ils vous dirigeront vers le bon service qui se trouve au quatrième étage, d'accord?
Susana López	Très bien. Merci beaucoup. Au plaisir de vous revoir le 8.
Elena Aznar	Je vous en prie. Au revoir.

1 Literally, 'to postpone'.
2 *Se rendre à* – literally, 'to go to'.
3 Note the clear distinction, as in English, between *rendez-vous* 'appointment' and *réunion* 'meeting.'

10 Informing of a late arrival

James Kennon	James Kennon.
Paul Alexander	Morning James, Paul here.
James Kennon	Hi, Paul. How are things?
Paul Alexander	Not too good. I'm still at Heathrow – the flight has been delayed.
James Kennon	So you'll be late for the meeting.
Paul Alexander	Afraid so! I'm now due to arrive at Düsseldorf at 11.15. I should be with you about 12.
James Kennon	Don't worry. We'll push the start of the meeting back to 11.30 and take the less important agenda items first.
Paul Alexander	Fine. Thanks for that. Look, I have to go – they've just called the flight.
James Kennon	OK. See you later. Bye.
Paul Alexander	Bye.

11 Ordering a taxi

Taxi firm	Hello.
Client	Hello, is that A & B Taxis?
Taxi firm	Yes, sir. What can I do for you?
Client	I would like a cab straightaway to take our Sales Manager to the airport.
Taxi firm	Birmingham Airport?
Client	Yes, the new Eurohub. It's quite urgent. He has to check in in 35 minutes.
Taxi firm	Don't worry we'll get him there. Give me your address and a cab will be with you in 5 minutes.

10 Prévenir d'une arrivée tardive

Jean Cardin	Allô? Jean Cardin à l'appareil.
Paul Alexandre	Bonjour Jean. C'est Paul à l'appareil.
Jean Cardin	Salut Paul. Comment vas-tu?
Paul Alexandre	Cela pourrait aller mieux. Je suis toujours à Toulouse – le vol a du retard.
Jean Cardin	Alors tu seras en retard à la réunion?
Paul Alexandre	J'en ai bien peur! Je devrais maintenant arriver à Paris à 11h15 et être à ton bureau aux environs de midi.
Jean Cardin	Ne t'inquiète pas. Nous allons retarder le début de la réunion. Nous commencerons vers 11h30 et les points les moins importants de l'ordre du jour seront traités d'abord.
Paul Alexandre	OK. Merci beaucoup. Bon, il faut que j'y aille.[1] Ils viennent juste d'annoncer le vol.
Jean Cardin	OK. A tout à l'heure. Au revoir.
Paul Alexandre	Au revoir.

1 Subjunctive after *il faut que* and *y* for 'to there' – 'I have to go'.

11 Demander un taxi

Taxis	Bonjour.
Client	Bonjour. Je suis bien chez les Taxis A et B?
Taxis	Oui, Monsieur. Que puis-je faire pour vous?
Client	Je voudrais un taxi tout de suite pour emmener notre directeur des ventes à l'aéroport, s'il vous plaît.
Taxis	L'aéroport de Paris?
Client	Oui, Charles de Gaulle. C'est très urgent car il doit s'y présenter dans 35 minutes.
Taxis	Ne vous inquiétez pas. Nous ferons en sorte qu'il y soit.[1] Donnez-moi votre adresse et un taxi sera chez vous dans 5 minutes.

1 *En sorte que* means 'in such a way that' (he gets there).

12 Checking flight information

Travel agent	Russell's Travel, good morning.
Customer	Could you confirm my travel details for me, please?
Travel agent	Certainly sir. Do you have your ticket? Can you give me the date of departure and the flight number?
Customer	I am travelling on flight EA739 to Prague next Wednesday and then on to Bratislava the next day.
Travel agent	Flight EA739 leaves Heathrow at 11.35 a.m. and arrives in Prague at 15.05. Flight CZ417 leaves Prague at 16.30 and gets to Bratislava at 17.20. Is it an open ticket?
Customer	No, it's an Apex ticket.
Travel agent	That's fine, then. You must check in one hour before departure.
Customer	Thank you very much for your help.
Travel agent	Don't mention it.

12   Vérifier l'horaire d'un vol

Agence de voyage	Agence Roland, bonjour.
Client	Bonjour. Pourriez-vous vérifier la réservation de mon vol, s'il vous plaît?
Agence de voyage	Oui, bien sûr Monsieur. Avez-vous votre billet? Pouvez-vous me dire quand vous partez et le numéro de votre vol?
Client	Je dois prendre le vol EA739 pour Prague mercredi prochain et le lendemain je dois aller à Bratislava.
Agence de voyage	Le vol EA739 part de Heathrow à 11h35 et arrive à Prague à 15h05. Le vol CZ417 quitte Prague à 16h30 et arrive à Bratislava à 17h20. Est-ce un vol open?
Client	Non c'est un billet Apex.
Agence de voyage	Alors c'est bon. Vous devrez faire enregistrer vos bagages une heure avant le départ.
Client	Merci beaucoup.
Agence de voyage	Je vous en prie.

13 Booking a flight

Customer	Hello. Sunline Air Services?
Airline clerk	Yes, madam. This is Everton Frith. Can I help you?
Customer	Thank you. My name is Robertson. I'd like to book a direct flight to Antigua. How many times a week do you offer Luxury Class travel on your flights?
Airline clerk	There are departures from London each Monday afternoon and Thursday morning. Obviously, there are flights on other days with different airlines, but our tariffs are very competitive.
Customer	Yes, that's what they told me at the travel agency, but I wanted to check for myself. Could you quote me for two return tickets leaving on Thursday, 7 May?
Airline clerk	Can we first check flight availability and then look again at prices?
Customer	Yes, fine. So how does the 7th look?
Airline clerk	On the 9.30 departure there are several pairs of seats available still; for your return journey you can make arrangements at the other end. Shall I pass you over to my colleague, Janet, who can deal with everything else, including your personal details, form of payment and delivery of tickets to you.
Customer	Thank you for your help.
Airline clerk	My pleasure. Hold on and I'll put you through to her. Goodbye.

13 Réserver un vol

Cliente	Allô. Suis-je bien chez Avions du Soleil?
Compagnie aérienne	Oui, Madame. Je suis Etienne Falaise. Puis-je vous aider?
Cliente	Oui, s'il vous plaît. Mon nom est Rocard. J'aimerais réserver un vol direct pour Antigua. Combien de fois par semaine pouvez-vous offrir la Classe de Luxe sur vos vols?
Compagnie aérienne	Il y a des départs de Paris chaque lundi après-midi et jeudi matin. Il y a bien sûr d'autres vols mais sur d'autres compagnies aériennes. Ceci dit, nos tarifs sont très concurrentiels.
Cliente	Oui, c'est ce que l'agence de voyage m'a dit mais je voulais quand même vérifier par moi-même. Pourriez-vous m'indiquer le prix de deux billets aller-retour, s'il vous plaît. Le départ se fera le jeudi 7 mai.
Compagnie aérienne	Nous allons d'abord vérifier la disponibilité des vols et nous verrons les prix ensuite.
Cliente	Très bien. Qu'en est-il pour le 7?
Compagnie aérienne	Il y a plusieurs places de libre sur le vol de 9h30; pour le retour, vous pourrez réserver de là-bas si vous le voulez. Voulez-vous que je vous passe à ma collègue Jeannette pour ce qui est de[1] tout le reste – vos coordonnées, le règlement et la remise du billet.
Cliente	Merci beaucoup, Monsieur.
Compagnie aérienne	Je vous en prie. Ne quittez pas, je vous la passe. Au revoir.

1   *Pour ce qui est de* 'in regard to'.

14 Thanking for hospitality

Jennie Denning	Jennie Denning.
Rachel Green	Hello, Ms Denning. Rachel Green here, from Galway plc.
Jennie Denning	Hello, Mrs Green. Did you have a good flight back?
Rachel Green	Yes, very good thanks. I'm ringing to thank you for your hospitality last night. It was a very enjoyable evening, and it was very kind of you to ask us all round – particularly at such short notice!
Jennie Denning	I'm pleased you had an enjoyable evening. It was very interesting for me to meet you all.
Rachel Green	It really was kind of you. So thanks once again. If you ever come over here with James, you must visit us.
Jennie Denning	Yes, I'll do that. Thanks for ringing.
Rachel Green	And thank you. Goodbye.
Jennie Denning	Bye.

14 Remercier quelqu'un de son hospitalité

Jacqueline Denis	Jacqueline Denis à l'appareil.
Régine Gras	Bonjour Madame Denis. Régine Gras à l'appareil, de chez Granville SA.
Jacqueline Denis	Bonjour Madame Gras. Avez-vous fait un bon voyage?
Régine Gras	Oui, très bon, merci. Je vous appelle pour vous remercier de votre hospitalité hier soir. J'ai passé une très agréable soirée et c'était très gentil à vous de tous nous inviter chez vous, surtout en étant prévenue si tard!
Jacqueline Denis	Je suis heureuse que vous ayez passé une bonne soirée. C'était très intéressant pour moi de tous vous rencontrer.
Régine Gras	C'est très gentil à vous. Merci encore. S'il vous arrive de venir ici avec Jacques, il faudra que vous veniez nous rendre visite.
Jacqueline Denis	Bien sûr. Je le ferai. Merci d'avoir appelé.
Régine Gras	Merci. Au revoir.
Jacqueline Denis	Au revoir.

15 Invitations

(a) Accepting

John Brown	Hello, this is John Brown of International Tool & Die. I am calling to accept your invitation to the lunch in honour of Mr Aspley.
Chamber of Commerce employee	You are only just in time Mr Brown. I am fixing the final number at 12 noon today.
John Brown	I'm sorry I did not reply sooner and in writing. I have just come back from a business trip. I'm so glad not to miss this occasion.
Chamber of Commerce employee	A lot of people think highly of our Euro MP. There's going to be a good turnout.
John Brown	I am pleased to hear it. Mr Aspley has certainly helped my business to get into the EC market. Are any VIPs coming?
Chamber of Commerce employee	The Lord Mayor is coming and so is the president of the European Parliament. I don't know about our local MPs.
John Brown	Anyway you've got me on your list?
Chamber of Commerce employee	Yes Mr Brown. You are on the list.

15 Invitations

(a) Accepter

Joseph Bergerac	Bonjour, Joseph Bergerac d'Outils Internationaux à l'appareil. J'appelle pour vous annoncer que j'accepte votre invitation au déjeuner organisé en l'honneur de Monsieur Armand.
Employé de la Chambre de Commerce	Vous me prévenez juste à temps, Monsieur Bergerac. J'allais communiquer le nombre définitif à midi aujourd'hui.
Joseph Bergerac	Je suis désolé de ne pas vous avoir averti plus tôt et de ne pas l'avoir fait par écrit. Je viens juste de revenir d'un voyage d'affaires. Je suis très content de ne pas avoir raté cet événement.
Employé de la Chambre de Commerce	Beaucoup de gens estiment vraiment notre eurodéputé. Je crois qu'il y aura beaucoup de monde.
Joseph Bergerac	Je m'en réjouis. Je dois dire que Monsieur Armand a, sans aucun doute, beaucoup aidé mon entreprise à pénétrer le marché européen. Y aura-t-il des personnages de marque?[1]
Employé de la Chambre de Commerce	Oui, le maire sera présent ainsi que le président du Parlement européen. Je ne sais pas si nos élus locaux seront présents.
Joseph Bergerac	Bon, de toute façon, vous m'avez bien ajouté sur votre liste?
Employé de la Chambre de Commerce	Oui, Monsieur Bergerac, vous êtes bien sur ma liste.

1   VIP is also used in French.

(b) Declining

John Gregory	Hello, Michael. This is John Gregory from Car Products International. We've organized a trip to the Indycar road race at Long Beach for our most valued clients. It's the last weekend of April. Would you be able to come?
Michael Daniels	Let me check my schedule. I'm sorry, John, but I'm down to go to a company sales conference in Malta that weekend. I'm afraid there's no way I can get out of that.
John Gregory	That's a pity. It would have been great to get together again. If you would like to send one of your staff, just let me know.
Michael Daniels	Will do. Goodbye.
John Gregory	So long.

(b) Décliner

Jean Grégoire   Allô, Michel? Jean Grégoire à l'appareil, de chez Produits Automobiles International. Nous avons organisé un voyage à Monaco pour nos clients les plus dévoués afin de leur permettre d'assister au Grand Prix. Cela se passe le dernier week-end d'avril. Aimerais-tu venir?

Michel Daniel   Attends une seconde, je vais vérifier dans mon agenda. Je suis désolé Jean, mais je dois me rendre à Malte ce week-end-là pour assister à notre conférence de dynamique des ventes. Je suis désolé, mais il n'y a aucune chance que je puisse l'annuler.

Jean Grégoire   C'est vraiment dommage. J'aurais bien aimé que nous nous revoyions à cette occasion. Si tu veux envoyer l'un de tes employés, fais-le-moi savoir.

Michel Daniel   Oui, je n'y manquerai pas. Merci. Au revoir.

Jean Grégoire   Au revoir.

16 Travel enquiry

(a) Rail

Passenger	Good afternoon. Could you tell me if there is a train out of Seville in the early afternoon going to Madrid?
Booking clerk	Do you mind how long the journey takes?
Passenger	Well, I have to be at a conference in the capital by 6 o'clock in the evening.
Booking clerk	There's a high-speed train which leaves every day at 12 midday. You'll be there by mid-afternoon.
Passenger	That sounds fine. Can I purchase my tickets by phone?
Booking clerk	No, I'm afraid you have to come and pay in person.
Passenger	Surely it's possible for a colleague or my personal assistant to make the purchase for me?
Booking clerk	Yes, sir, of course.
Passenger	Very well. I shall be travelling on Friday of this week and will require two singles. How much is that?
Booking clerk	34,000 pesetas in first class or 21,000 in second.
Passenger	Fine. Thanks for your assistance.

16 Renseignements concernant un voyage

(a) En train

Passager	Bonsoir. Pourriez-vous me dire s'il y a un train de Lyon à Madrid en début d'après-midi?
Employé du service réservation	La longueur du trajet vous importe-t-elle?
Passager	Eh bien, je dois assister à une conférence qui a lieu dans la capitale à 18h00.
Employé du service réservation	Tous les jours, il y a un train à grande vitesse qui part à midi, ce qui fait que vous arriveriez là-bas en milieu d'après-midi.
Passager	Ceci m'a l'air tout à fait bien. Puis-je acheter mes billets par téléphone?
Employé du service réservation	Non, j'ai bien peur qu'il faille que vous veniez payer personnellement.
Passager	Quand même, je suis sûr qu'il devrait être possible qu'un collègue ou mon assistante vienne les prendre pour moi, non?
Employé du service réservation	Oui, bien sûr, Monsieur.
Passager	Très bien. Je dois voyager vendredi prochain et il me faudra deux allers. Combien cela me coûtera-t-il?
Employé du service réservation	1 314 francs en première classe ou 811 francs en deuxième classe.
Passager	Très bien. Merci beaucoup.

(b) Ferry

Booking clerk	Speedline Ferries. Can I help you?
Customer	Yes, I'm taking my car over to France next week, from Dover to Calais. Can you give me the times of the crossings?
Booking clerk	Well, they're very frequent. About what time do you want to leave?
Customer	About 8 a.m.
Booking clerk	Well, there's one at 8.45, and another at 10.45.
Customer	Is there an earlier one?
Booking clerk	Yes, but that one goes at 6 a.m.
Customer	And what's the return fare?
Booking clerk	Your vehicle and how many passengers?
Customer	Just my car and me.
Booking clerk	The fare is £185.
Customer	That's fine. Can I book by phone using my credit card?
Booking clerk	Certainly sir.
Customer	Thanks for your help. Goodbye.
Booking clerk	You're welcome. Goodbye.

(b) En bateau

Employé du service	Bateaux de France Rapides. Que puis-je faire pour vous?
Passager	J'ai l'intention d'aller en Angleterre en voiture la semaine prochaine. J'aimerais faire la traversée de Calais à Douvres. Pourriez-vous me donner les horaires de bateau s'il vous plaît?
Employé du service	Eh bien, les départs sont très fréquents. A environ quelle heure aimeriez-vous partir?
Passager	Vers les 8h00 du matin.
Employé du service	Eh bien, il y en a un vers 8h45 et un autre à 10h45.
Passager	Y en a-t-il un petit peu plus tôt?
Employé du service	Oui, mais il part à 6h00.
Passager	Et quel est le tarif pour un aller-retour?
Employé du service	Il y a votre véhicule et combien de passagers?
Passager	Seulement moi-même.
Employé du service	Le prix sera de 1 480 francs.
Passager	Très bien. Puis-je faire ma réservation par téléphone et vous payer par carte bancaire?[1]
Employé du service	Bien sûr, Monsieur.
Passager	Merci beaucoup. Au revoir.
Employé du service	Je vous en prie. Au revoir, Monsieur.

1 Alternative: *carte bleue.*

17 Arranging delivery of goods

Customer	Hello, Mr James? You wanted me to ring you back.
Supplier	Thanks for calling. I wanted directions for the delivery of the parts that we have made to your factory on Monday.
Customer	Ah right, this will be your first delivery. Well, take the motorway north. Come off at exit 27 and head towards Northam.
Supplier	How do you spell that? N-O-R-T-H-A-M?
Customer	That's it. After five miles you'll come to the Eastfield road.
Supplier	E-A-S-T-F-I-E-L-D?
Customer	Yes. After two miles you meet the Eastfield ringroad, clearly indicated, at a traffic light. Go straight ahead and go through the next two traffic lights.
Supplier	So, that's two miles and three traffic lights ...
Customer	At the fourth traffic light you turn left and then second right. This is Alverton Road and our premises are 150 yards down on the left.
Supplier	Thanks very much; our lorry will be there on Monday.

17 Organiser la livraison de marchandises

Client	Allô? Monsieur Jordan? Vous vouliez que je vous rappelle?
Fournisseur	Oui, merci de votre appel. Je voulais que vous m'indiquiez le chemin pour vous livrer les pièces détachées que nous avons fabriquées. Elles seront prêtes lundi.
Client	Ah, oui. Ce sera votre première livraison. Alors, il faut prendre l'autoroute Nord. Prenez la sortie 27 et dirigez-vous vers Nérac.
Fournisseur	Comment épelez-vous cela? N-É-R-A-C?
Client	Oui, c'est cela. Après avoir parcouru cinq kilomètres, vous arriverez à un grand rond-point. Prenez la route en direction d'Essonne.
Fournisseur	E-S-S-O-N-N-E?
Client	Exact. Environ deux kilomètres plus loin, vous arriverez sur le boulevard de ceinture d'Essonne, qui est très bien indiqué aux feux.[1] Allez tout droit et passez les deux autres feux.
Fournisseur	Alors, un rond-point, deux kilomètres et trois feux ...
Client	Au quatrième feu, tournez à gauche et ensuite deuxième rue à droite. Vous vous trouverez alors dans la rue de l'Auberge et nos locaux sont sur la gauche, à environ 150 mètres.
Fournisseur	Merci beaucoup. Notre camion y sera lundi.

1 Short for *feux tricolores* – 'traffic lights'.

Deuxième partie
Section II

Face à face
Face to face

18 Arriving for an appointment

Receptionist	Good morning, can I help you?
Frances Jones	Good morning, my name is Frances Jones. I have an appointment with Mrs Jenkins at 10.
Receptionist	One moment, please, I'll just check. . . . Mrs Jenkins' secretary will come down to meet you. Please take a seat.
Frances Jones	Thank you.
Receptionist	Would you like a coffee while you are waiting?
Frances Jones	Yes, thank you.
Receptionist	Please help yourself, the coffee machine and the cups are on your left.

18 Arriver pour un rendez-vous

Réceptionniste	Bonjour Madame, que puis-je faire pour vous?
Françoise Jacquard	Bonjour, je suis Françoise Jacquard. J'ai rendez-vous avec Mme Gérard à 10h00.
Réceptionniste	Patientez quelques instants, s'il vous plaît, je vais me renseigner. . . . La secrétaire de Mme Gérard va venir vous chercher. Veuillez vous asseoir en attendant.
Françoise Jacquard	Merci.
Réceptionniste	Aimeriez-vous prendre un café en attendant?
Françoise Jacquard	Oui, avec plaisir.
Réceptionniste	Servez-vous, la machine à café et les tasses sont sur votre gauche.

19 Arranging further contacts with a company

Mr Collins	Thank you very much for your help this morning, Mr Vine. I think we've made a lot of progress on the matter of financing the deal.
Mr Vine	Yes, I agree. It's been useful to clear the air after the initial difficulties we experienced. Presumably, this will not be our last meeting as we must await the final decision and then act quickly.
Mr Collins	Indeed. Do you have any idea of when that will be?
Mr Vine	I've been promised an answer by the end of June, so if we say early July there will still be a couple of weeks before we close for the summer vacation.
Mr Collins	Fine. How about Monday the 3rd?
Mr Vine	I can't make the morning, but I shall be free all afternoon. More importantly, the main people involved will be able to work on the final proposals that week. If we need to develop our plans further, bringing in other companies or arranging further contacts, there should be time enough to do that.
Mr Collins	Shall we say 2 p.m. here? In the meantime we can still explore the possibilities or value of involving other parties both within and outside our companies.
Mr Vine	Very well. I'll get that organized. I'll give you a ring by the 14th to confirm everything we might know by then.
Mr Collins	Right. Thanks again. . . . Can I get to the carpark by going straight down in the elevator?
Mr Vine	Yes. First floor, first door on the left. See you in July if not before.

19 Organiser un rendez-vous avec une entreprise avec laquelle il y a déjà eu des contacts

M. Colbert Je tenais à vous remercier de l'aide que vous nous avez apportée ce matin, M. Vigny. Il semble que nous ayons fait beaucoup de progrès au niveau des moyens de financement du projet.

M. Vigny Oui, je suis tout à fait d'accord. Il était utile de clarifier les choses après les difficultés que nous avons eues au début. Ce n'est vraisemblablement pas la dernière réunion que nous ferons car nous devons attendre la décision finale, après quoi nous devrons agir très vite.

M. Colbert Tout à fait. Sauriez-vous quand cela pourrait être?

M. Vigny On m'a promis une réponse d'ici fin juin. Si nous disons début juillet, ça nous laissera toujours deux semaines avant la fermeture pour les vacances d'été.

M. Colbert Que pensez vous du lundi 3?

M. Vigny Je ne peux pas le matin, mais l'après-midi serait tout à fait possible. De plus, les principaux membres impliqués dans ce projet pourront travailler sur les dernières propositions cette même semaine. Si nous avons besoin d'adopter de nouvelles stratégies en invitant d'autres entreprises ou d'établir de nouveaux contacts, cela devrait nous laisser le temps de le faire.

M. Colbert Que diriez-vous de 14h00? En attendant, nous pouvons toujours évaluer les possibilités ou l'utilité d'inviter d'autres membres à participer, qu'ils soient des nôtres ou de l'extérieur.

M. Vigny Très bien. Je vais organiser tout cela. Je vous appellerai le 14 pour vous communiquer toute autre information que nous aurons pu recueillir d'ici là.

M. Colbert Bon. Merci encore. . . . Puis-je retourner au parking en descendant par l'ascenseur?

M. Vigny Oui, bien sûr. Rez de chaussée, première porte à gauche. Je vous dis au mois de juillet[1] si nous n'avons pas l'occasion de nous recontacter d'ici là.

---

1 Literally, 'So I am saying till July . . .'.

20 Presenting a proposal

Helen	Morning, John. Do come in and take a seat.
John	Morning, Helen. Thanks.
Helen	You wanted to see me about our new product launch?
John	Yes, I think we should try to bring it forward to December.
Helen	That might be a bit tight. Any particular reason?
John	Well, we'd catch the important Christmas business, and we'd be ahead of the opposition.
Helen	I'm not sure our production people could handle it.
John	Not a major problem. Our plant in Wellington can take on more of the production. We have spare capacity there.
Helen	Have you discussed this with your people there?
John	Yes, and they're convinced they can deal with it.
Helen	We can't risk any slip-up on this – the launch is very important. And what about the advertising schedule?
John	That's OK. The advertising copy is virtually ready. The ads could be pulled forward to December.
Helen	Look, there's some advantage in doing this, but I'd like to talk about it with the board before giving you the go-ahead. There's a meeting tomorrow at 2. Can you make it?
John	I've got one or two things on, but I can reshuffle them.
Helen	Fine. Look, I've another meeting now, but I'll catch up with you later.
John	OK. See you later.

20 Présentation d'une proposition

Hélène Bonjour Jean. Je t'en prie, entre et assieds-toi.

Jean Bonjour Hélène. Merci.

Hélène Tu voulais me voir au sujet du lancement d'un nouveau produit?

Jean Oui, je pense que nous devrions avancer le lancement au mois de décembre.

Hélène Cela risque d'être juste. As-tu une raison précise?

Jean Eh bien nous profiterions de l'activité commerciale des périodes de Noël et nous prendrions les devants sur la concurrence.

Hélène Je ne suis pas sûre que l'équipe de production puisse y arriver.

Jean Ce n'est pas un problème insurmontable. Notre usine de Nantes peut prendre une plus grande part de la production. Nous avons de la capacité de production disponible là-bas.

Hélène En as-tu parlé avec le personnel là-bas?

Jean Oui, et ils sont convaincus qu'ils peuvent y arriver.

Hélène Nous ne pouvons nous permettre aucun cafouillage.[1] Le lancement est extrêmement important. Et au niveau du programme de publicité?

Jean C'est bon. Les textes publicitaires sont pratiquement prêts. Les pubs[2] pourraient être avancées à décembre.

Hélène Ecoute, il y a des avantages certains à réaliser un tel but, mais je dois soumettre ce projet au conseil d'administration avant de te donner une réponse. Il y a une réunion demain à 14h00. Pourras-tu y assister?

Jean J'avais prévu deux ou trois choses mais je peux toujours remanier mon emploi du temps.

Hélène Très bien. Ecoute, il faut que je te laisse, j'ai une autre réunion maintenant. On se reparle plus tard.

Jean OK. A plus tard.

1 Alternative: *déboire* (m).
2 Short for *publicité*.

21 Exploring business collaboration

Mr Berryman *(visitor)*	Pleased to meet you, Monsieur Maurois, and thank you for arranging my hotel.
M. Maurois *(local businessman)*	The pleasure is mine, Mr Berryman. You wanted to discuss possible joint ventures with us.
Mr Berryman	Yes we are both in building and civil engineering. We want to expand into Europe. You might find us useful partners.
M. Maurois	It's a pity we didn't begin these discussions three months ago; we recently wanted to bid for a stretch of motorway in this region but we did not quite have the resources.
Mr Berryman	Was there no local company you could combine with?
M. Maurois	Unfortunately we are the only firm in the region with the necessary expertise. You would have been a good partner – we have made a study of your past projects.
Mr Berryman	And we have studied you, of course. We were thinking of the proposed port development just down the road.
M. Maurois	You are really on the ball Mr Berryman. We have just received the detailed specifications and were contemplating a tender.
Mr Berryman	And I have the spec in English in my briefcase! Shall we roll our sleeves up and work out a joint tender?

21 Explorer la possibilité d'une collaboration en affaires

Mr Berryman (visiteur)	Enchanté de faire votre connaissance, Monsieur Maurois, et merci d'avoir organisé mon hôtel.
M. Maurois (entrepreneur local)	Tout le plaisir était pour moi, Monsieur Berryman. Vous vouliez parler de la possibilité de créer une joint venture[1] avec nous.
Mr Berryman	Oui, nous sommes tous les deux dans le bâtiment et les travaux publics. Nous aimerions nous implanter en Europe. Vous pourriez trouver que nous sommes des partenaires intéressants.
M. Maurois	Il est vraiment dommage que nous n'ayons pas eu cette conversation il y a trois mois. Nous voulions faire une offre pour une section d'autoroute dans la région mais nous n'avions pas assez de ressources.
Mr Berryman	N'y avait-il pas d'entreprise locale avec laquelle vous auriez pu combiner vos efforts?
M. Maurois	Nous sommes malheureusement la seule entreprise locale ayant l'expertise nécessaire. Vous auriez été un bon associé. Nous avons étudié les projets que vous avez réalisés.
Mr Berryman	Nous avons fait les mêmes études vous concernant, bien sûr. Nous pensions au projet de développement du port qui se trouve près d'ici.
M. Maurois	Au moins, vous ouvrez l'œil et le bon,[2] Monsieur Berryman. Nous venons juste de recevoir les spécifications détaillées et nous pensions faire une offre.
Mr Berryman	Et j'ai les spécifications en anglais dans ma serviette! Et si nous nous attelions à la tâche pour préparer une offre jointe?

1   Alternative: *une opération conjointe*.
2   Literally, 'You've got your eye open, and the right one, too.'

22 At the travel agent's

(a) Enquiry/booking

Traveller	Could you give me details of flights to Wellington, New Zealand, please?
Assistant	When do you wish to fly?
Traveller	The first week of June.
Assistant	Let me see. Which day do you want to depart?
Traveller	Tuesday, if possible.
Assistant	There's a flight leaving Sydney at 8 a.m. which gets into Wellington at 1 p.m. Do you want to make a booking?
Traveller	How much is the flight?
Assistant	It's 725 Australian dollars return.
Traveller	OK. Go ahead.

(b) Changing a booking

Client	I'd like to change a flight reservation for Mr David Street.
Assistant	Could you give me the flight details please?
Client	BY567 to Rome on 21 March. Would it be possible to change it to 23 March?
Assistant	I'll just check. That's OK. The flight leaves at the same time. I'll issue a new ticket and send it to you later today.
Client	Thank you.

22 A l'agence de voyages

(a) Demande d'information/réservation

Passager	Pourriez-vous me donner les horaires des vols à destination de Wellington, s'il vous plaît?
Conseiller	Oui, quand désirez-vous partir?
Passager	La première semaine de juin.
Conseiller	Quel jour de la semaine voudriez-vous partir?
Passager	Le mardi, si possible.
Conseiller	Il y a un vol au départ de Sydney à 8h00 qui arrive à Wellington à 13h00. Voulez-vous faire une réservation?
Passager	Quel est le prix du vol?
Conseiller	725 dollars australiens pour l'aller-retour.
Passager	OK. Allez-y. Faites la réservation.

(b) Modifier une réservation

Cliente	J'aimerais faire un changement de réservation pour le vol de M. David Sales, s'il vous plaît.
Conseiller	Oui, pouvez-vous me donner tous les renseignements que vous possédez concernant le vol?
Cliente	Oui, il s'agit du vol BY567 à destination de Rome qui part le 21 mars. Serait-il possible de repousser la réservation au 23 mars?
Conseiller	Attendez, je vérifie. C'est bon, le vol est à la même heure. Je vais vous faire un nouveau billet et je vous l'envoie dans le courant de la journée.
Cliente	Merci.

(c) Flight cancellation

Client	I'm ringing on behalf of Mrs Mary Thomas. She was due to fly to Capetown next Thursday, but she has unfortunately fallen ill.
Assistant	I see.
Client	Can she get a refund?
Assistant	How did she pay?
Client	By cheque, I think.
Assistant	If she took out travel insurance she will be able to get her money back, if her doctor signs a certificate.
Client	I'd better ask her. I'll get back to you when I know.

23   Checking in at the airport

Assistant	Good evening, sir. Can I have your ticket and passport?
Passenger	Certainly.
Assistant	Are you travelling alone?
Passenger	Yes, that's right.
Assistant	How many items of luggage are you checking in?
Passenger	Just this case.
Assistant	Can you put it on the belt, please? Did you pack it yourself?
Passenger	Yes.
Assistant	Are there any electrical items in it?
Passenger	No, they're in my hand baggage.
Assistant	What are they?
Passenger	An electric shaver and a lap-top computer.
Assistant	That's fine. Do you want smoking or non-smoking?
Passenger	Non-smoking please.

(c) Annulation d'un...

Cliente	Je vous appelle de la part de ... devait prendre l'avion pour le Cap jeudi prochain, mais elle ... malheureusement tombée malade.
Conseiller	Je vois.
Cliente	Pourra-t-elle être remboursée?
Conseiller	Comment a-t-elle payé?
Cliente	Par chèque je pense.
Conseiller	Si elle a pris une assurance de ... récupérera son argent si son docteur lui signe un cert...
Cliente	Il vaut mieux que je lui demande ... appelle dès que j'ai une réponse.

23 Faire enregistrer ses bagages à l'aéroport

FRIDAY 金 曜 ・甲 子
大 10月7日 六白・先勝
旧 9月5日 きのえ、ね
意見を言うより他人の意見をきく

Hôtesse	Bonsoir Monsieur ... passeport s'il vous plaît?
Passager	Bien sûr.
Hôtesse	Vous voyagez seul?
Passager	Oui, tout à fait.[1]
Hôtesse	Combien de bagages avez-vous pour la soute?[2]
Passager	Seulement cette valise.
Hôtesse	Pouvez-vous la mettre sur le tapis roulant, s'il vous plaît? L'avez-vous faite vous-même?
Passager	Oui.
Hôtesse	Y a-t-il des appareils électriques à l'intérieur?
Passager	Non, ils sont dans mes bagages à main.
Hôtesse	Qu'est-ce que c'est exactement?
Passager	Un rasoir électrique et un ordinateur portable.
Hôtesse	C'est bon. Vous voulez un siège fumeurs ou non fumeurs?
Passager	Non fumeurs, s'il vous plaît.

1 Literally, 'entirely (so)'.
2 Literally, 'to be put in the hold'.

24 Checking in at a hotel

Receptionist	Good afternoon, madam.
Guest	Good afternoon. I have a reservation in the name of Battersby.
Receptionist	A single room for two nights?
Guest	Surely that was changed to a double room? My husband is due to join me later this evening.
Receptionist	I'll just check. Oh, yes, there is a note to that effect. Will you be having dinner at the hotel?
Guest	Yes, dinner for one. Can I also order an early call tomorrow morning and can we have a newspaper?
Receptionist	6 o'clock or 6.30?
Guest	That's too early. Say seven o'clock. And could we have a copy of *The Times*.
Receptionist	I am sorry but we will not have the London *Times* until tomorrow afternoon. Would you like the *Herald Tribune* or perhaps a French newspaper?
Guest	No, thank you. I'll leave it. Can you call me a taxi for half an hour from now? And what time is dinner by the way?

24 Arriver dans un hôtel où une réservation a été faite

Réceptionniste	Bonsoir Madame.
Cliente	Bonsoir. J'ai fait une réservation au nom de Barrault.
Réceptionniste	Une chambre pour une personne pour deux nuits?
Cliente	Il s'agit d'une chambre pour deux personnes. J'ai prévenu que mon mari me rejoignait plus tard ce soir.
Réceptionniste	Je vérifie. Ah oui, il y a une note à ce sujet. Dînerez-vous à l'hôtel?
Cliente	Oui. Une table pour une personne seulement. Puis-je également me faire réveiller de bonne heure demain matin? J'aimerais également avoir le journal.
Réceptionniste	6h00 ou 6h30?
Cliente	C'est un peu trop tôt. Disons 7h00. Pourrions-nous avoir un exemplaire du *Times*?
Réceptionniste	Je suis désolée mais nous ne recevons pas l'édition de Londres avant demain après-midi. Peut-être aimeriez-vous lire le *Herald Tribune* ou un journal français?
Cliente	Non merci. Ça ne fait rien. Pourriez-vous me commander un taxi pour dans une demi-heure? Au fait, à quelle heure le dîner est-il servi?

25 Checking out of a hotel

Guest	I would like to check out now.
Receptionist	Certainly, sir. What is your room number?
Guest	Three two four (324).
Receptionist	Mr Lawrence? Did you make any phone calls this morning? Have you used the mini-bar?
Guest	No, I haven't made any calls since yesterday evening. Here is my mini-bar slip.
Receptionist	Thank you. Would you be so kind as to fill in the hotel questionnaire while I total your bill? How do you wish to pay?
Guest	By credit card.
Receptionist	Fine. I'll just be a minute. There you are, Mr Lawrence. Thank you very much.

25 Quitter un hôtel

Client	J'aimerais vous régler.[1]
Réceptionniste	Oui Monsieur. Quel est votre numéro de chambre?
Client	Trois cent vingt-quatre (324).
Réceptionniste	M. Laurent? Avez-vous passé des appels téléphoniques ce matin? Avez vous utilisé le mini-bar?
Client	Non, je n'ai passé aucun coup de fil depuis hier soir. Voilà le rapport du mini-bar.
Réceptionniste	Merci. Voudriez-vous remplir le questionnaire de l'hôtel pendant que je fais votre note? Comment désirez-vous payer?
Client	Par carte bancaire.
Réceptionniste	Très bien. Je n'en ai que pour une minute. Voilà, M. Laurent. Merci beaucoup.

1 Literally, 'I would like to settle you'.

26 Ordering a meal in a restaurant

Waitress	Good afternoon, madam. Would you like the menu?
Client 1	Yes, thank you. And may we have a dry white wine and a pint of lager whilst we are choosing our meal?
Waitress	Certainly. Here is the menu; we also have a chef's special set meal at 15 dollars.

* * *

Client 1	Would you like to have a look first?
Client 2	No: I'll have what you recommend as you know the local cuisine far better than I do. But I'm looking forward to my lager.
Client 1	Fine. Here come the drinks, anyway. May we have two salads as starters, please? Then for main course two pepper steaks with vegetables and jacket potatoes. I think we'll also have a bottle of house red with the steak.
Waitress	A bottle of red, two hors d'oeuvres and two pepper steaks; how would you like the steaks cooked?
Client 2	Well done for me, please.
Client 1	Medium for me.

* * *

Waitress	Have you enjoyed your meal?
Client 1	Yes, it was fine, thank you. I don't think we'll have a dessert as we are running a bit late. Just two black coffees and the bill, please.

* * *

Waitress	Your coffee and the bill, madam. Could you pay at the till when you leave?
Client 1	Of course. And this is to thank you for having looked after us so well.
Waitress	Thank you, madam. Please come again.

26 Commander un repas dans un restaurant

Serveuse	Bonsoir Madame. Voulez-vous la carte?
Cliente 1	Oui, merci. Pourriez-vous nous servir un verre de vin blanc sec et une grande bière blonde pendant que nous choisissons notre menu?
Serveuse	Très certainement. Voici le menu à la carte. Nous avons également un menu Spécial Chef[1] à 75 francs.

* * *

Cliente 1	Aimerais-tu jeter un coup d'œil d'abord?
Client 2	Non, je suivrai tes bons conseils. Tu connais bien mieux la cuisine régionale que moi. Mais ma bière ne me ferait pas de mal![2]
Cliente 1	OK. Tiens, voilà les boissons. Nous voudrions deux salades en entrée, s'il vous plaît. Ensuite nous aimerions comme plat principal deux steaks au poivre avec légumes et pommes de terre en robe des champs. Je pense que nous prendrons également une bouteille de vin rouge de la maison pour le steak.
Serveuse	Une bouteille de vin rouge, deux salades et deux steaks au poivre; quelle cuisson[3] voulez-vous pour les steaks?
Client 2	Bien cuit pour moi s'il vous plaît.
Cliente 1	A point pour moi.

* * *

Serveuse	Avez-vous apprécié votre repas?
Cliente 1	Oui, c'était très bien. Merci. Je ne crois pas que nous prendrons de dessert car nous sommes un peu en retard maintenant. Deux cafés noirs, s'il vous plaît, et la note.

* * *

Serveuse	Votre café et la note, Madame. Vous paierez à la caisse en sortant.
Cliente 1	Très bien. Et voici pour vous remercier de vous être si bien occupée de nous.
Serveuse	Merci beaucoup, Madame. Revenez nous voir.

1 French distinguishes between *le menu 'du jour'* or *'spécial'* – a set meal, and *le menu 'à la carte'* (also called *'la carte'*) – the list of all dishes.
2 Literally, 'would do me no harm'.
3 Literally, 'what (degree of) cooking?' Well done (*bien cuit*), medium (*à point*), rare (*saignant*).

27 Verifying a bill

Waiter	Yes sir? Did you enjoy your meal?
Customer	Yes, but can I check the bill with you?
Waiter	Certainly – is there a problem?
Customer	I think there might be a mistake – we had four set menus at £15 a head and also the aperitifs and the wine.
Waiter	Yes?
Customer	But what's this item here?
Waiter	Four whiskies, sir. £10.
Customer	But we didn't have any!
Waiter	Just a moment sir, I'll go and check it for you. . . . I'm sorry, my mistake. I'll get you an amended bill at once.
Customer	Thank you.

27 Vérification d'une facture

Serveur	Oui Monsieur? Avez vous apprécié votre repas?
Client	Oui, mais puis-je vérifier la note avec vous?
Serveur	Très certainement. Y a-t-il un problème?
Client	Je pense qu'il y a une erreur. Nous avons pris quatre menus à 125 francs, les apéritifs et du vin.
Serveur	Oui?
Client	Mais à quoi correspond cela?
Serveur	Quatre whiskies, Monsieur. 80 francs.
Client	Mais nous n'en avons pas commandé!
Serveur	Attendez, Monsieur, je vais aller vérifier. . . . . Je suis désolé, j'ai fait une erreur. Je vais vous faire rectifier cela[1] tout de suite.
Client	Merci.

1 Literally, 'get that rectified for you'.

28 Drawing up a schedule of visits for reps

Senior representative	Thanks for coming to this meeting. I thought it would be useful to discuss areas for the autumn quarter.
Representative 2	In fact, as it happens, the schedule of leads and follow-up visits shows a roughly equal split between the northwest, northeast and southwest regions.
Representative 3	We need to consider what to do about the lack of interest in our products in the south-east.
Senior representative	There is also a scattering of trade fairs that one or other of us should attend, including one in Marseilles in mid-September.
Representative 2	Perhaps we should all be there to work out a strategy for the southeast. And we could all be at the Paris Arts Ménagers Salon in early November.
Representative 3	Good idea. I have some contacts that might help. Shall we operate as originally suggested? Me in Bordeaux, George in Lille and Alf in Strasbourg?
Senior representative	That all seems fine to me. Are you happy Alf? Apart from the Marseilles and Paris fairs we can each do our regional fairs individually.
Representative 2	I am happy with that. Will we have the same budget as last year?
Senior representative	Good question. The operating budget has been increased by a meagre 5 per cent. Any requests for increased staffing need to be justified by increased business.
Representative 3	So what else is new? Let's get those dates in our diaries.

28 Etablir un programme de visites pour des représentants

Représentant principal	Je vous remercie d'être venu assister à cette réunion. J'ai pensé qu'il serait utile de discuter des régions pour le trimestre d'automne.
Représentant 2	En fait, et ce qui n'est pas si mal, le programme des visites de suivi indique une répartition à peu près égale entre les régions nord-ouest, nord-est et sud-ouest.
Représentante 3	Nous devons penser à ce que nous allons faire au sujet du sud-est où il y a un manque d'intérêt certain pour nos produits.
Représentant principal	Il y a également un certain nombre de salons professionnels auxquels certains d'entre nous devraient assister, y compris celui de Marseille qui a lieu à la mi-septembre.
Représentant 2	Peut-être devrions-nous tous y aller afin de définir une stratégie pour le sud-est. Et nous pourrions également tous être au Salon des Arts Ménagers à Paris début novembre.
Représentante 3	Très bonne idée. J'ai des contacts qui pourraient nous aider. Allons-nous procéder comme convenu au départ? Moi à Bordeaux, Georges à Lille et Alphonse à Strasbourg?
Représentant principal	Tout cela m'a l'air très bien. Ça vous convient, Alphonse? A l'exception de ceux de Marseille et Paris, les salons régionaux seront couverts par chacun d'entre nous individuellement.
Représentant 2	Je suis tout à fait d'accord avec ce principe. Disposons-nous du même budget que l'année dernière?
Représentant principal	Très bonne question. Le budget de fonctionnement a été augmenté d'un maigre 5%. Toute demande d'augmentation de personnel devra être justifiée par une augmentation du volume d'affaires.
Représentante 3	Comme d'habitude[1] ... Inscrivons ces dates dans nos agendas.

1 Literally, 'As usual'.

29 Conducted visit of a department

Guide	Before I show you round the department, come and meet my deputy, Frederick Fallon.
Miss Smith	Pleased to meet you, Mr Fallon.
Frederick Fallon	Welcome to the department, Miss Smith.
Guide	Frederick is responsible for the day-to-day running of the department. Now we'll start our tour. This is the general office, with Mrs Jones looking after reception, typing and word processing.
Miss Smith	How many secretaries work for Mrs Jones?
Guide	Normally five. One is currently on sick leave and one on holiday. . . . This is the overseas sales office. They have their own fax machines. We deal directly with our agents in Europe. . . . And this is the design section. Most of their work is now done by CAD/CAM. They've got some of the most sophisticated computer equipment in the company. David, can I introduce Miss Smith.
David Hall	Pleased to meet you, Miss Smith.
Guide	David has four designers working for him. And finally, this is Ted Stolzfuss, who is over here from our American parent company. Ted, meet Miss Smith. Ted is with us to look at the way we operate in Europe.

29 Visite accompagnée d'un service

Guide	Avant de vous faire faire le tour du service, je vais vous présenter mon adjoint, Frédéric Fallon.
Mlle Siffert	Enchantée de faire votre connaissance, M. Fallon.
Frédéric Fallon	Bienvenue dans notre service, Mlle Siffert.
Guide	Frédéric est responsable du fonctionnement journalier du service. Nous allons maintenant commencer la visite. Voici le bureau général avec Mme Joliot qui s'occupe de l'accueil et de la dactylographie et du traitement de texte.
Mlle Siffert	Combien de secrétaires travaillent avec Mme Joliot?
Guide	Normalement cinq. L'une d'entre elles est actuellement en congé de maladie et une autre est en vacances. . . . Ici, c'est le bureau des ventes à l'étranger. Ils possèdent leurs propres télécopieurs. Nous traitons directement avec nos agents en Europe. . . . Ici, c'est le service qui s'occupe de la conception. La plupart de leurs travaux sont réalisés par CAO/FAO.[1] Ils possèdent les équipements informatiques les plus sophistiqués. David, puis-je vous présenter Mlle Siffert?
David Harpon	Enchanté de faire votre connaissance, Mademoiselle.
Guide	Quatre designers travaillent pour David. Voilà, et pour finir voici Ted Stolzfuss, qui nous vient de notre maison-mère en Amérique.[2] Ted, voici Mlle Siffert. Ted est ici pour analyser notre mode de fonctionnement européen.

1 Abbreviation for *conception/fabrication assistée par ordinateur.*
2 Or *aux États-Unis* (*d'Amérique*).

30 Informal job interview

Personnel manager	Good morning, Ms Jiménez, and welcome. I hope you had no trouble getting here.
Gloria Jiménez	Good morning. Thank you, it was nice of you to invite me in for a chat.
Personnel manager	First, let me introduce you to Pepe Romero, who is in charge of advertising. As you can see, he's always snowed under with work, eh Pepe? Gloria Jiménez, Pepe Romero.
Pepe Romero	Pleased to meet you. Don't take her too seriously. You'll see for yourself when you start next week.
Gloria Jiménez	How many staff do you have in this department?
Pepe Romero	Seven full-timers and a couple of freelancers who help out when we have special projects on.
Gloria Jiménez	It looks a friendly set-up, anyway.
Personnel manager	Yes, you're right, they are one of our most efficient and successful departments. Would you like to meet Fernando, with whom you will be working most closely? He is our art director.
Gloria Jiménez	Fine. Has he been with the company for a long time?
Personnel manager	No, he was brought in recently when the company merged. Oh, it looks as if he's in a meeting, so we'll wait here and talk a bit more about you. How did you get into commercial design?
Gloria Jiménez	After university I realized that there were good prospects for young people with ideas in the field of design and advertising, so I took a course in advertising in Seville not long before the World Fair was awarded to the city.
Personnel manager	Did you actually work on the World Fair project?
Gloria Jiménez	Yes, my first job was with a Japanese agency that was promoting its high-tech industries, and I carried on until the Fair closed last year.
Personnel manager	That sounds just the sort of experience we are looking for. Ah, here comes Fernando.

30 Entretien informel

Chef du personnel	Bonjour Mlle Jiménez. J'espère que vous êtes arrivée sans trop de problèmes.
Gloria Jiménez	Bonjour. Non, merci. C'est très gentil à vous de m'avoir invitée à passer[1] aujourd'hui.
Chef du personnel	Tout d'abord, laissez-moi vous présenter Pepe Romero qui s'occupe de la publicité. Comme vous pouvez vous en rendre compte, il est toujours débordé[2] de travail, n'est-ce pas Pepe? Gloria Jiménez, Pepe Romero.
Pepe Romero	Enchanté de faire votre connaissance. Ne prenez pas ce qu'elle dit trop au sérieux. Vous pourrez en juger par vous-même lorsque vous commencerez la semaine prochaine.
Gloria Jiménez	Combien d'employés avez-vous dans ce service?
Pepe Romero	Sept à temps complet[3] et deux freelances[4] qui nous aident lorsque nous avons des projets plus particuliers.
Gloria Jiménez	Il semble y avoir une ambiance très sympathique.
Chef du personnel	Oui, vous avez raison. Ce service est l'un des plus efficaces et il a beaucoup de succès. Voulez-vous rencontrer Fernando avec qui vous travaillerez plus particulièrement? C'est notre directeur artistique.
Gloria Jiménez	Oui, bien sûr. Cela fait-il longtemps qu'il travaille dans cette entreprise?
Chef du personnel	Non, on l'a fait venir récemment, lorsque l'entreprise a fusionné. Ah, j'ai l'impression qu'il est en réunion. Nous allons rester ici et parler un peu plus de vous en attendant. Comment vous êtes-vous orientée vers le design commercial?
Gloria Jiménez	Après l'université, j'ai réalisé qu'il y avait de bons débouchés pour les jeunes qui ont des idées dans le domaine du design et de la publicité, alors j'ai suivi un cours à Séville peu avant l'attribution à cette ville de l'exposition universelle.
Chef du personnel	Avez-vous été amenée à travailler sur ce projet?
Gloria Jiménez	Oui, mon premier emploi était au sein d'une agence japonaise qui faisait la promotion des industries de haute technologie du pays. J'ai occupé mon poste jusqu'à la clôture de l'exposition, l'an dernier.
Chef du personnel	Cela m'a tout l'air du genre d'expérience que nous recherchons. Ah, voici Fernando.

1 Literally, 'to call in', 'to come by'; 2 Literally, 'overflowed'; 3 Alternative: *plein temps*;
4 Alternative: *travailleurs indépendants*.

31 Formal job interview

Part 1

Interviewer	Do come in, Ms Hellington, and take a seat.
Jane Hellington	Thank you.
Interviewer	Well, if I can make a start, can you tell us why you want this particular post?
Jane Hellington	As I said in my application, I'm working with quite a small company at the moment. My promotion prospects are limited because of that.
Interviewer	So that is your main reason?
Jane Hellington	Not just that. I've been with the company for five years now, and although I found the work interesting at first, I now feel that I want a more varied post which is more challenging.
Interviewer	Do you think this job would be what you are looking for?
Jane Hellington	Yes, I do. You're a big company in the process of expansion, and the department I'd be working in would give me much more variety.
Interviewer	Do you think that moving from a small department to a much larger one would be a problem?
Jane Hellington	It would be rather new at first, but I worked with a big company before my present job, and I do integrate well. I'm confident that I am ready to make a change.

31 Entrevue officielle

Première partie

Sous-directeur[1]   Entrez, Mlle Hinault, asseyez-vous.

Janine Hinault   Merci.

Sous-directeur   Je vous en prie. Bon, eh bien, nous allons commencer. Pouvez-vous nous dire pourquoi vous désirez occuper le poste que nous proposons?

Janine Hinault   Comme je l'ai dit dans ma lettre de candidature, je travaille actuellement dans une entreprise relativement petite. De ce fait, mes perspectives de promotion sont très limitées.

Sous-directeur   Est-ce votre raison principale?

Janine Hinault   Pas seulement. Cela fait cinq ans que je travaille pour cette entreprise et, bien que j'aie trouvé le travail intéressant au début, j'aimerais occuper un poste offrant davantage de possibilités , qui soit plus motivant.

Sous-directeur   Et vous pensez que ce que nous offrons répondrait à ce que vous cherchez?

Janine Hinault   Oui, je le pense. Vous êtes une grosse entreprise en plein développement, et le service dans lequel je travaillerais offre des tâches bien plus variées.

Sous-directeur   Pensez-vous que de quitter un petit service pour vous installer dans un bien plus grand pourrait présenter un problème?

Janine Hinault   Cela paraîtra sûrement bien différent au début, mais j'ai déjà travaillé dans une grande société avant d'occuper mon poste actuel, et je m'adapte très facilement. Je sais que je suis prête à faire ce changement.

---

1   There is no single-word equivalent in French for 'interviewer' used in this context. The exact equivalent would be *Personne faisant passer l'entrevue*.

Part 2

Interviewer	As you know, we're a multinational organization, and that means that one of the things we're looking for in this post is a competence in languages.
Jane Hellington	Yes, well, as you'll see from my CV I studied German and Spanish at school, and I've lived and worked in France for several years.
Interviewer	How would you describe your language competence?
Jane Hellington	My French is fluent, and I can still remember the basics in German and Spanish.
Interviewer	What if we asked you to take further language training?
Jane Hellington	I'd welcome that. I feel that it's important to get them to as high a level as possible.
Interviewer	Fine. On another issue: if we were to offer you the post, when could you take it up?
Jane Hellington	In two months. I'm working on a project in my current post, and I'd like to see that through first. Would that be a problem?
Interviewer	I don't think so, but I'd have to check with the department before confirming, of course. Well now, are there any questions you want to ask us?
Jane Hellington	Just two: you mention your management training programme in your particulars. Can you tell me more about it?
Interviewer	Yes, we expect all our middle managers to try to reach their full potential through self-development. We help them in that by running a series of in-house residential training courses.
Jane Hellington	How often?
Interviewer	Three or four times a year, and we expect everyone to attend them, as far as possible.
Jane Hellington	That's fine. One other question, if I may?
Interviewer	Certainly.
Jane Hellington	When will you let me have your decision?
Interviewer	We'll be contacting the successful candidate by phone this evening, and we'll be writing to the others.
Jane Hellington	Thanks very much.
Interviewer	Well, thank you for coming to interview, Ms Hellington. Goodbye.
Jane Hellington	Goodbye.

Deuxième partie

Sous-directeur	Comme vous le savez, nous sommes un organisme multinational, ce qui veut dire que l'un de nos principaux critères de choix pour ce poste réside dans la compétence en matière de langues.
Janine Hinault	Eh bien, vous pourrez le voir dans mon curriculum vitae, j'ai étudié l'allemand et l'espagnol à l'école, et j'ai vécu et travaillé en Angleterre pendant plusieurs années.
Sous-directeur	Comment décririez-vous vos aptitudes en langues?
Janine Hinault	Je parle l'anglais couramment, et je possède des bases solides en allemand et en espagnol.
Sous-directeur	Et si nous vous demandions de faire à nouveau des stages de langue?
Janine Hinault	J'en serais heureuse. Je trouve qu'il est très important de parvenir au meilleur niveau possible.
Sous-directeur	Très bien. Un autre point: si nous devions vous offrir le poste, quand pourriez-vous commencer?
Janine Hinault	Dans deux mois. Je travaille actuellement sur un projet et j'aimerais le finir avant de partir. Cela poserait-il un problème?
Sous-directeur	Je ne pense pas, mais il faudra quand même que je vérifie auprès du service avant de pouvoir confirmer. Très bien, avez-vous des questions à nous poser?
Janine Hinault	Seulement deux. Vous mentionnez le programme de formation dans la description. Pouvez vous m'en dire plus à ce sujet?
Sous-directeur	Nous voudrions que tous nos cadres moyens essaient d'exploiter leur potentiel au maximum par le biais de l'auto-développement. Nous les aidons en organisant une série de stages internes de formation.
Janine Hinault	Quand ont-ils lieu?
Sous-directeur	Trois à quatre fois par an, et nous tenons à ce que tout le monde y assiste, autant que possible.
Janine Hinault	Très bien. Une autre question si je peux me permettre.
Sous-directeur	Tout à fait.
Janine Hinault	Quand me ferez-vous connaître votre décision?
Sous-directeur	Nous contacterons par téléphone la personne choisie ce soir, et nous écrirons aux autres.
Janine Hinault	Très bien. Merci.
Sous-directeur	Merci d'avoir assisté à cette entrevue, Mlle Hinault. Au revoir.
Janine Hinault	Au revoir.

Part 3

Jane Hellington	Hello. Jane Hellington.
Brendan Carter	Good evening, Ms Hellington. Brendan Carter here, from Keystone Engineering. I'm ringing to offer you the post here.
Jane Hellington	Really? Well, thank you very much!
Brendan Carter	I suppose my first question has to be whether or not you wish to accept the post.
Jane Hellington	Yes, I do. Thank you.
Brendan Carter	The starting salary would be as agreed, with a salary review after your first six months.
Jane Hellington	Yes, that's fine.
Brendan Carter	When could you start?
Jane Hellington	As I explained at interview, there is a project I'm working on at the moment that I'd like to see through. So if possible I'd like to start in two months.
Brendan Carter	Shall we say 1 June, then? Will that suit you?
Jane Hellington	Probably. I'll just need to discuss things with my present employer first. I'll do that after I get your offer in writing, and then ring you.
Brendan Carter	You'll need to get down here a few times before, of course, to meet one or two people and get the feel of the place.
Jane Hellington	Yes, certainly. I'd like to do that.
Brendan Carter	Well then, I'll just get our personnel people to send the formal written offer to you. That should be with you in a couple of days.
Jane Hellington	Thank you for offering me the post.
Brendan Carter	I look forward to working with you. Goodbye and see you soon.
Jane Hellington	Yes, goodbye.

Troisième partie

Janine Hinault	Bonjour. Janine Hinault à l'appareil.
Bernard Cartier	Bonsoir Mlle Hinault. Bernard Cartier à l'appareil, de chez Ingénierie Pierrefitte. Je vous appelle pour vous offrir le poste.
Janine Hinault	Vraiment? Merci beaucoup!
Bernard Cartier	Je suppose que ma première question devrait être de vous demander si vous voulez accepter le poste ou non.
Janine Hinault	Oui, je l'accepte. Merci.
Bernard Cartier	Le salaire de départ sera comme convenu, et il sera revu après six mois.
Janine Hinault	Oui, c'est très bien.
Bernard Cartier	Quand pouvez-vous commencer?
Janine Hinault	Comme je l'ai dit lors de l'entrevue, il y a un projet sur lequel je travaille en ce moment que j'aimerais conduire à terme.[1] Ainsi, si cela est possible, j'aimerais commencer dans deux mois.
Bernard Cartier	Le 1er juin, donc? Cela vous conviendrait-il?
Janine Hinault	Probablement. Il faut simplement que j'en discute avec mon employeur actuel. Je le ferai dès que j'aurai la confirmation écrite de cette offre. Je vous contacterai par téléphone.
Bernard Cartier	Il faudra, bien sûr, que vous nous rendiez une ou deux visites avant de prendre vos fonctions afin de rencontrer une ou deux personnes et vous familiariser un peu avec le terrain sur lequel vous travaillerez.
Janine Hinault	Oui, bien sûr. Ce sera pour moi un plaisir.
Bernard Cartier	Très bien; il ne me reste plus qu'à demander au service du personnel de vous envoyer l'offre écrite. Vous devriez la recevoir d'ici deux jours.
Janine Hinault	Merci beaucoup de m'avoir offert le poste.
Bernard Cartier	Ce sera un plaisir pour moi de travailler avec vous. Au revoir, à bientôt.
Janine Hinault	Oui, au revoir.

1 Literally, 'bring to a conclusion'.

32 Planning a budget

Managing director	All right, if I can open the meeting. This need not be too formal but I hardly need to say how important it is. The balance sheet for last year is for our eyes only, for a start.
Director 2	It makes very pleasant reading, 11 per cent growth on the preceding year...
Managing director	Don't get carried away, Derek. I've looked at our orders and would suggest that we should not budget for more than 5 per cent growth in the coming year.
Director 2	Does that mean an average 5 per cent increase in expenditure all round?
Director 3	Most of the increase will be forced on us. We have got to give the staff a cost of living increase, fuel for the vans is bound to increase by at least 5 per cent.
Managing director	What's certain is that we cannot recruit extra staff at this point so I agree with that. Is there any equipment we need to replace, Derek?
Director 2	The production stuff is in good nick and we have at least 20 per cent spare capacity. The vans are OK, not too much mileage.
Director 3	Rosemary needs a new printer and we could all do with a higher spec photocopier. We probably need to up our marketing effort.
Managing director	I am relying on you to watch the monthly cash flow like a hawk, Bill. Most of my time is taken looking for new business. What about production costs, Derek?
Director 2	I reckon we can increase production by 10 per cent with hardly any extra cost and no danger. How about that!
Managing director	And the bank is happy with the state of our overdraft. That all looks fairly satisfactory. As long as we continue to work hard.

32 Définir un budget

Directeur général	Eh bien, chers collègues. Nous allons ouvrir la séance. Il n'est pas nécessaire que cette réunion soit très formelle, toutefois, je suis sûr que chacun est conscient de son importance. Le bilan pour l'année dernière devra, pour le moment n'être connu que de nous.
Directeur 2	Cela fait plaisir à lire, 11 pour cent d'augmentation par rapport à l'année précédente ...
Directeur général	Ne t'emballe pas, Damien. J'ai regardé nos commandes et je suggérerais que nous ne budgétisions pas pour une augmentation supérieure à 5% pour l'année à venir.
Directeur 2	Est-ce que vous entendez par là une augmentation moyenne de 5% des dépenses en général?
Directeur 3	Une grande partie de cette augmentation nous sera imposée. Nous devrons attribuer au personnel une augmentation relative au coût de la vie, l'essence pour les véhicules augmentera à coup sûr de 5% au moins.
Directeur général	Ce qu'il y a de sûr, c'est que nous ne pouvons pas nous permettre de recruter en ce moment. Je suis tout à fait d'accord avec ce que vous venez de dire. Y a-t-il du matériel qui doit être remplacé, Damien?
Directeur 2	Le matériel de production est en bon état et nous avons 20% de capacité de production disponible. Il n'y a pas de problèmes au niveau des véhicules, ils n'affichent pas trop de kilomètres.
Directeur 3	Rosanne a besoin d'une nouvelle imprimante et il serait bon pour nous tous d'avoir une photocopieuse plus performante. Nous avons également probablement besoin de faire un plus grand effort au niveau marketing.
Directeur général	Guillaume, je te fais confiance pour surveiller la trésorerie[1] tous les mois de très près. Je passe la plupart de mon temps à développer de nouvelles affaires. Qu'en est-il des coûts de production, Damien?
Directeur 2	Je pense que nous pouvons augmenter la production de 10% pratiquement sans aucun coût supplémentaire ou risque. Pas mal, n'est-ce pas?
Directeur général	Et la banque est satisfaite de l'état de notre découvert. Tout m'a l'air relativement satisfaisant. Toujours à condition de continuer à travailler comme des forcenés.

1 '*Le cash-flow*' is also used but, like other terms borrowed from the English, not encouraged by the French government.

33 Organizing a product launch

Albert Archer	My suggestion is that we hire a river cruiser and take our key accounts for an evening cruise and dinner. After dinner we can unveil our new range of services.
Brian Ball	Do you think that'll be enough?
Albert Archer	Well, when we've informed the key accounts, we can do some promotion in the trade press – some ads and, if possible, a press release. The key accounts managers will be expected to keep in touch with their clients. We'll have to wait and see what response we get from the trade journals.
Brian Ball	OK, agreed. Do you want me to get Jim started on the arrangements?
Albert Archer	Yes, you might as well. By the way, what about hospitality for the press? Couldn't we invite them to the clubroom for a special presentation?
Brian Ball	Good idea! I'll get Jim to see to it.

33 Organiser le lancement d'un produit

Albert Arletty   Je serais d'avis que nous louions un bateau-mouche et organisions pour nos plus gros clients une soirée dîner-croisière. Après le dîner, nous pourrions dévoiler notre nouvelle gamme de services.

Bruno Bertrand   Crois-tu que ce sera suffisant?

Albert Arletty   Eh bien, une fois que nous aurons prévenu les clients principaux, nous pourrions faire une campagne dans la presse spécialisée – quelques annonces publicitaires, et si possible, un communiqué de presse. Les responsables des comptes principaux seront censés garder contact avec leurs clients. Nous devrons attendre de voir les réactions provoquées dans les journaux spécialisés.

Bruno Bertrand   OK, c'est d'accord. Veux-tu que je demande à Jim de commencer à organiser tout cela?

Albert Arletty   Oui, tant qu'à faire. Au fait, au niveau de l'hospitalité pour la presse? Ne pourrions-nous pas les inviter dans notre salle de réunion et faire une présentation spéciale?

Bruno Bertrand   Très bonne idée! Je vais veiller à ce que Jim s'occupe de l'organisation.

34   Contacting official agencies

(a) Chamber of Commerce

Roberto Comas   How do you do? I'm Roberto Comas, from Textiles Paloma.

Arturo Castro   Pleased to meet you. Arturo Castro. My staff told me you were going to call in this morning. How can we help?

Roberto Comas   We are thinking of expanding the business, especially to focus on the '30 to 50' market. We were advised to seek your views on how and where best to establish retail outlets for our fashion products.

Arturo Castro   Well, Mr Comas. I hope you will join the Chamber as and when you set up in the city, but for the time being you are welcome to our assistance.

Roberto Comas   Yes, I understand, but right now we are keen to obtain some information on local retail figures, the competition, some data on the local population, available premises and so on.

Arturo Castro   That's no problem. We can provide you with what you request and much more. Are you likely to be creating any jobs through your new initiative?

Roberto Comas   We will inevitably need new staff, both in the factory and in the local shops. Do you happen to have a good contact at the Jobcentre?

Arturo Castro   Yes, of course. If you'd like to come through to my office, we'll have a coffee and get down to discussing things.

34 Contacter des organismes publics

(a) La Chambre de Commerce

Roberto Comas	Comment allez-vous? Roberto Comas de chez Textiles Paloma.
Arturo Castro	Enchanté de faire votre connaissance. Arturo Castro. Ma secrétaire m'a prévenu que vous alliez venir ce matin. Que puis-je faire pour vous?
Roberto Comas	Nous pensons sérieusement à agrandir notre entreprise, et nous visons principalement le marché touchant les 'trente à cinquante ans'. On m'a conseillé de venir recueillir vos conseils quant à la meilleure localisation de nos magasins pour la vente de nos produits de mode.
Arturo Castro	Eh bien, M. Comas, j'espère que vous adhérerez à la Chambre de Commerce lorsque vous serez établis dans notre ville. En attendant, je me ferai effectivement un plaisir de vous aider.
Roberto Comas	Oui, je comprends. Pour le moment, nous aimerions obtenir des renseignements d'ordre général, les chiffres de ventes réalisés dans la région, des informations concernant la concurrence, la population locale, les locaux actuellement disponibles et ainsi de suite.
Arturo Castro	Il n'y a aucun problème. Nous pouvons vous procurer toutes ces informations et bien plus encore. Allez-vous créer de nouveaux emplois grâce à cette nouvelle initiative?
Roberto Comas	Nous aurons inévitablement besoin de personnel tant à l'usine que dans les magasins. Avez vous de bonnes relations avec l'ANPE?[1]
Arturo Castro	Oui, bien sûr. Mais, venez plutôt dans mon bureau. Nous boirons une tasse de café et discuterons affaires plus à notre aise.

1 *Agence Nationale pour l'Emploi* (ANPE) – the French national employment exchange.

(b) Customs and Excise

Customs and Excise officer	Good morning, sir.
Retailer	Hello, I have a query regarding the import of meat products. I wonder if you can help me.
Customs and Excise officer	Certainly. Can you explain?
Retailer	We're a meat retailer based here in Dover, and we're intending to import a range of cooked meats and sausages from a German supplier. So far we've only been supplied by British companies. I need to know what the regulations are.
Customs and Excise officer	It's rather difficult and complex to explain briefly. There is a range of regulations and restrictions. They're contained in our information brochures. When are you intending to import these products?
Retailer	We'll get the first shipment in a couple of weeks.
Customs and Excise officer	Then you'd better move fast. I'll collect all the information for you. The best thing is for you to read it and then come back to us with any queries.
Retailer	Fine. I'll get down to it.

(b) La Douane

Douanier   Bonjour, Monsieur.

Détaillant   Bonjour, j'ai besoin de quelques renseignements concernant
l'importation de produits à base de viande. Pouvez-vous m'aider?

Douanier   Bien sûr. Que voulez-vous exactement?

Détaillant   Nous vendons de la viande ici à Douvres et nous aimerions
importer une sélection de viandes cuites et de saucisses qui nous
viendraient d'un fournisseur allemand. Jusqu'à présent, nous
étions approvisionnés par des fournisseurs britanniques. Je dois
donc connaître les réglementations.

Douanier   C'est relativement complexe et difficile à expliquer brièvement.
J'ai ici tout un tas de réglementations et de restrictions à respecter.
Elles figurent toutes dans nos brochures d'information. Quand
comptiez-vous importer ces produits?

Détaillant   Nous devrions recevoir notre première commande d'ici deux
semaines.

Douanier   Il faut donc se dépêcher. Alors, je vais rassembler ces informations
pour vous. La meilleure chose à faire est de les lire et de nous
contacter si vous avez d'autres questions.

Détaillant   Très bien. Je vais étudier cela de près.

35 Presenting company policy

(a) Location

Managing director	As you know, it's the company's policy to set up new plants in areas which offer the most advantages. For this reason the liquid detergent plant here will close as soon as the new plant is operational in the south-east. There are both economic and social benefits in doing things this way.
Journalist	What will happen to the people currently working at the plant? Will they be made redundant?
Managing director	That's not the way we do things here. We'll look to natural wastage and early retirements throughout the company – nobody will be made redundant because of this. But it's clear that some people will have to be redeployed and there may be possibilities at the new plant for some of the specialist technicians if they are willing to relocate.
Journalist	How will you reorganize the remaining staff? Would they qualify for removal assistance if they agreed to move?
Managing director	Clearly we would offer them a relocation package if they agreed to move; that's standard practice here.

35 Exposer la politique de l'entreprise

(a) Localisation

Directeur général   Comme vous le savez, la politique de l'entreprise veut que de nouvelles usines soient construites dans les régions les plus propices.[1] Pour cette raison, cette usine de détergent liquide sera fermée dès que la nouvelle usine du sud-est sera opérationnelle. Il y a des avantages tant économiques que sociaux à faire les choses de cette façon.

Journaliste   Et qu'adviendra-t-il des employés de cette usine? Seront-ils licenciés?

Directeur général   Ce n'est pas notre façon de traiter le personnel. Il faut que nous considérions les départs naturels ainsi que les préretraites au niveau global de l'entreprise – cette opération n'entraînera aucun licenciement. Mais il est sûr qu'une partie du personnel devra être réaffectée et il y aura sûrement des possibilités offertes par la nouvelle usine pour certains techniciens spécialistes s'ils acceptent de se déplacer.

Journaliste   Comment allez-vous opérer avec le personnel restant? Bénéficieront-ils d'une aide au déménagement s'ils acceptent d'être déplacés?

Directeur général   Bien sûr, nous leur offrirons un forfait déménagement s'ils acceptent notre proposition, cela fait partie de nos principes.

1   Literally, 'the most favourable regions'.

(b) Development

Personnel manager So, as we have seen during the last half-hour, the prospects for the next few years are quite encouraging. We now need to consider precisely how we are going to develop policies to benefit the firm and its employees.

Managing director Can I just add before you continue, Alan, that the Board will be taking very seriously whatever conclusions are drawn by this group today. So it is essential that people speak their mind.

Personnel manager Thanks for confirming that, Victor. Frankly, recent EU legislation means that our profit margins can be increased as long as we take into account from the start matters like Health and Safety, employee compensation, maternity benefits, etc. These items, that normally and quite properly cost us a percentage of raw profits, can be reclaimed if fully documented.

Financial director Well, that's good news as in the past we've never been able to prepare very well for this sort of cost to the company.

Personnel manager I am proposing, therefore, that we create a small unit within the company to cover the full range of benefits that can accrue to us under the new provisions. In addition, we should be able to demonstrate to the workforce that by our observing these criteria they too will have an enhanced status. Before I continue to my next subject, are there any questions?

Sales manager Alan, can anyone guarantee that our current level of sales is sustainable? What you are saying about the interests of the workforce and those of the company as a whole being convergent seems to me a rather optimistic interpretation.

Personnel manager We've commissioned a report on this very question. If everybody is prepared to wait for a week longer I should be able to give you an honest answer. Frankly, whatever the precise outcome of that report, we have to make plans for a future in which we balance the financial wellbeing of the firm with that of all the individuals who work for it.

(b) Développement

Directeur du personnel	Alors, si l'on en juge par ce qui a été dit pendant cette dernière demi-heure, les perspectives d'avenir pour les quelques années à venir sont plutôt encourageantes. Nous devons maintenant préciser la manière dont nous devrions développer notre politique afin qu'elle avantage tant l'entreprise que ses employés.
Directeur général	Avant de poursuivre, Alain, j'aimerais préciser que le conseil d'administration prendra très au sérieux les conclusions tirées de cette réunion, quelles qu'elles soient. Il est par conséquent très important que chacun dise ce qu'il pense.
Directeur du personnel	Merci d'avoir soulevé ce point, Victor. Pour être franc, les récentes législations de l'Union Européenne ne nous empêcheront pas de continuer à augmenter nos marges de bénéfice à partir du moment où nous tenons compte dès le début de la santé, la sécurité, des indemnités pour les employés, des allocations de maternité, etcetera. Ces charges, qui nous coûtent un certain pourcentage des bénéfices bruts, peuvent être récupérées si nous sommes munis des documents justificatifs.
Directeur financier	Eh bien, c'est une très bonne nouvelle, surtout si l'on considère que nous n'avons jamais été très bien préparés pour ce genre de coût imputé à notre entreprise.
Directeur du personnel	Je propose par conséquent de créer une petite unité au sein de l'entreprise, qui s'occuperait de tous les avantages dont nous pourrions bénéficier grâce aux nouvelles dispositions légales. De plus, nous devrions pouvoir démontrer à notre personnel qu'en observant ces critères, eux aussi verront leur statut s'améliorer. Avant que j'enchaîne sur la question suivante, avez vous d'autres questions?
Directeur des ventes	Alain, qui peut garantir que notre niveau de vente actuel peut être maintenu? Ce que tu viens de dire au sujet de la convergence des intérêts de notre force ouvrière et ceux de l'entreprise en général me semble être une interprétation relativement optimiste.
Directeur du personnel	Nous avons demandé un rapport sur la question. Si chacun a la patience d'attendre encore une semaine, je serai à même de vous donner une réponse honnête. De toute façon, quel que soit le résultat précis se dégageant du rapport, nous devons faire des projets pour arriver à équilibrer le bien-être financier de l'entreprise et celui des individus qui travaillent pour elle.

(c) Staffing

Meeting between the personnel manager and a trade union representative

Personnel manager	I've called you in to tell you about our proposed staff changes.
TU representative	Yes, I know. I've heard that you're planning compulsory redundancies.
Personnel manager	No, that's not the case, but we do need to rationalize.
TU representative	Can you tell me why?
Personnel manager	Everyone knows why: production costs have been increasing because of outmoded plant. We've taken the decision to close one of our older plants.
TU representative	Has it been decided which one?
Personnel manager	We have a choice of either Sheffield or Gloucester. The precise figures are being worked out.
TU representative	And what happens to the workforce?
Personnel manager	We are going to see what possibilities there are for voluntary redundancies and early retirements. That should reduce the problem considerably.
TU representative	But not fully. You'll have to lay people off.
Personnel manager	We don't think we'll have to do that. The remaining staff can be relocated. We have other plants within 20 miles of both Sheffield and Gloucester. We're talking about streamlining production, not cutting it back.
TU representative	So what will be the total reduction in the workforce?
Personnel manager	In the region of 200 to 250.
TU representative	And when will the changes be made?
Personnel manager	We're hoping to have them complete by the end of January.
TU representative	Has the matter been discussed at board level yet?
Personnel manager	Of course – the board gave its approval last week. That's why we're moving on it now.

(c) Personnel

Réunion entre le directeur du personnel et le représentant d'un syndicat

Directeur du personnel	Je vous ai appelé pour vous parler des changements proposés au niveau du personnel.
Représentant du syndicat	Oui, je sais. J'ai entendu dire qu'il y avait des projets de licenciements.[1]
Directeur du personnel	Non, ce n'est pas exactement le cas mais nous devons rationaliser.
Représentant du syndicat	Pouvez-vous me dire pourquoi?
Directeur du personnel	Tout le monde sait pourquoi: les coûts de production ont augmenté parce que nos usines sont démodées. Nous avons pris la décision de fermer l'une des plus vieilles.
Représentant du syndicat	A-t-on décidé de quelle usine il s'agit?
Directeur du personnel	Nous devons choisir entre Lyon et Nantes. Les chiffres précis sont en cours d'élaboration.
Représentant du syndicat	Et qu'adviendra-t-il de la main d'œuvre?
Directeur du personnel	Nous allons voir quelles sont les possibilités de départs volontaires et de préretraites. Ceci devrait réduire considérablement notre problème.
Représentant du syndicat	Mais pas entièrement. Il va falloir que vous licenciez.
Directeur du personnel	Nous ne pensons pas devoir le faire. Le personnel restant pourra être muté.[2] Nous avons d'autres usines à environ 20 kilomètres de Lyon et Nantes. Nous parlons de rationaliser la production pas de la réduire.
Représentant du syndicat	Alors quelle sera la réduction totale de la main d'œuvre?
Directeur du personnel	Environ deux cents (200) à deux cent cinquante (250).
Représentant du syndicat	Et quand ces changements auront-ils lieu?
Directeur du personnel	Nous espérons que tout sera fait d'ici fin janvier.
Représentant du syndicat	Est-ce que ce sujet a été discuté au conseil d'administration?
Directeur du personnel	Bien sûr. Le conseil a donné son accord la semaine dernière. C'est la raison pour laquelle nous essayons maintenant de progresser.

1 *Licencier* 'to dismiss', 'to make redundant'.
2 *Muter* 'to transfer' (to another post).

(d) Sales

Chairman	I am pleased to open this first Board Meeting following our change of parent company. The first item on the agenda is sales policy. Over to you, Charles.
Charles	Thank you, Mr Chairman. I am instructed by the main board of our parent company to plan, with you, the introduction of a new sales policy.
Director 2	What view is taken of our existing policy? Too expensive?
Charles	In a nutshell, yes. The company's product lines are mostly good but the sales operation could be improved.
Director 2	I am not surprised. I have thought for some time that we have too large a sales force in too many regions.
Charles	That brings me to one of the proposals I have. To redraw the regions and slim down the workforce.
Director 2	By redundancy or natural wastage?
Charles	Probably a bit of both would be necessary. Also some concern has been expressed about the size of the advertising budget.
Director 3	Hear, hear. For a company with good products we do a hell of a lot of advertising.
Charles	I gather it is proposed, subject to this board's approval, to appoint a top class Marketing Manager with the remit to review the whole operation.
Director 2	Is a system of dealerships on the cards?
Charles	Nothing is excluded based on the premise of a need to rationalize the sales operation.

(d) Ventes

Président-directeur général	Je suis heureux d'ouvrir la première réunion du Conseil d'administration suite à notre changement de société-mère. Le premier point de notre ordre du jour est la politique de vente. Charles?
Charles	Merci, Monsieur le Président. Le Conseil Général de notre société-mère m'a chargé de planifier, avec vous, l'introduction d'une nouvelle politique de vente.
Directeur 2	Comment est perçue notre politique actuelle? Trop chère?
Charles	En un mot, oui. Les gammes de produits de l'entreprise sont bonnes d'une manière générale mais le fonctionnement des ventes pourrait être amélioré.
Directeur 2	Cela ne me surprend pas vraiment. Cela fait un certain temps que je pense que nous avons une force de vente trop importante dans de trop nombreuses régions.
Charles	Ceci m'amène à l'une des suggestions que j'avais à faire. Revoir les régions et réduire la main-d'œuvre.
Directeur 2	En licenciant ou grâce aux départs naturels?
Charles	Il faudra certainement un peu des deux. On m'a également fait part de certains soucis au sujet du budget de la publicité.
Directeur 3	Entendu, entendu. Pour une entreprise comme la nôtre produisant de si bons produits, nous faisons effectivement bien trop de publicité!
Charles	Il semble qu'il soit proposé, proposition assujettie à l'approbation de ce conseil, de nommer un très bon directeur du marketing ayant la mission de revoir l'opération entière.
Directeur 2	A-t-on pensé à un système de concessions?
Charles	Rien n'est exclu en partant du principe que l'on a besoin de rationaliser.

36 Visiting the bank manager

Bank manager   Good morning, Mrs Ansell. I'm pleased to see you again.

Mrs Ansell   Good morning, Mr Green. I have come to discuss our business plan with you. Our turnover has risen by 40 per cent for the last three years and our products have been selling really well. We'd like to open another shop in Loughborough.

Bank manager   Well, Mrs Ansell, I have followed the success of your company. The bank has been very happy to support its development. You've always stayed within your overdraft limits. How might we help you now?

Mrs Ansell   We're having to plough back most of our profits into the business in order to finance our growth. We've done market research in Loughborough and are convinced that it will be a success, what with Loughborough being a university town. What I've come to discuss with you is a loan to finance the lease of a shop and to buy start-up stock.

Bank manager   I'm sure the bank will be willing in principle to finance your business's future growth. If you send me your proposal for the shop in Loughborough, with details of the amount you wish to borrow, cash-flow projections – you know, all the usual information – I will consider it as quickly as possible.

Mrs Ansell   Thank you very much. I'll send you our proposal in the next few days.

36 Rendez-vous avec le directeur d'une agence bancaire

Directeur d'agence	Bonjour, Madame Anselle. Je suis content de vous revoir.
Madame Anselle	Bonjour, Monsieur Lebrun. Je suis venue discuter de notre plan d'entreprise avec vous. Notre chiffre d'affaires a augmenté de 40% ces trois dernières années! Nos produits se sont très bien vendus.[1] Nous aimerions ouvrir un nouveau magasin à Lyon.
Directeur d'agence	Et bien, Madame Anselle, j'ai suivi les progrès de votre entreprise. La banque était très contente d'avoir soutenu son développement. Vous avez toujours respecté votre découvert autorisé. Comment pourrions-nous vous aider cette fois?
Madame Anselle	Nous devons réinvestir la majeure partie de nos bénéfices afin de développer notre croissance. Nous avons fait une étude de marché à Lyon et sommes convaincus que ce sera un succès, surtout si l'on considère le fait que Lyon est une ville universitaire. Ce dont je suis venu discuter avec vous aujourd'hui est la possibilité d'un prêt pour financer le bail d'un magasin et acheter le stock dont j'ai besoin pour commencer.
Directeur d'agence	Je suis sûr que notre banque sera d'accord sur le principe pour financer la croissance de votre entreprise. Si vous m'envoyez votre proposition pour le magasin de Lyon, en y incluant les détails concernant le montant que vous souhaitez emprunter, les prévisions de cash-flow – vous savez, toutes les informations requises dans un tel cas – je considérerai la chose aussi rapidement que possible.
Madame Anselle	Merci beaucoup. Je vous enverrai notre proposition d'ici quelques jours.

1 Literally, 'have sold themselves very well'.

37 Selling a service to a client

Teresa Allison	Good morning, Mr Tolson. I'm Teresa Allison from P and G Computer Maintenance Services. You answered one of our ads in the *Evening Mail*, so I have come to fill you in on what we have to offer to small businesses.
Mr Tolson	Ah yes, thank you for coming so soon. As you can see, we recently purchased a computer system which should maximize our efficiency in dealing with orders.
Teresa Allison	I assume that you have an initial service contract on the machines, but once that runs out you would be best advised to take out a plan like ours. We can provide a 24-hour breakdown cover, three-monthly servicing, immediate replacement of faulty equipment, regular updating of your software and a free consultancy service for the duration of the contract.
Mr Tolson	It sounds a good deal, but what are the conditions of payment? Is it possible to pay monthly via a standing order or does it have to be a lump sum?
Teresa Allison	You can pay either way, as long as your bank can guarantee that your account will bear it. I'll leave you some brochures to read at your leisure; you'll be able compare our prices and conditions with others, though I can assure you that it's the most favourable deal available at present.
Mr Tolson	OK, fair enough. Can you give me a ring in about a week and I'll let you know what I think.
Teresa Allison	I certainly will. Give me your number and I'll be in touch early next week.

37 Vendre un service à un client

Thérèse André	Bonjour, Monsieur Trudeau. Je suis Thérèse André de chez P et G Informatique. Vous avez répondu à l'une de nos annonces parues dans *Le Courrier du Soir*. Je suis donc venue pour vous donner davantage d'informations sur ce que nous pouvons offrir aux petites entreprises.
M. Trudeau	Ah, oui. Je vous remercie d'être venue aussi rapidement. Comme vous pouvez le voir nous venons de nous procurer un système informatique qui devrait maximiser notre compétence en matière de gestion des commandes.
Thérèse André	Je présume que vous avez pris un premier contrat d'entretien du matériel, mais lorsqu'il arrivera à échéance je vous conseillerais de prendre un contrat du style du nôtre. Nous offrons un service 24h/24h en cas de panne, une visite d'entretien tous les trois mois, le remplacement immédiat du matériel ayant des défauts, la mise à jour régulière de vos logiciels[1] et un service de consultation gratuit pour la durée du contrat.
M. Trudeau	Oui, ça a l'air d'être une très bonne idée. Quelles sont les conditions de paiement? Est-il possible de payer mensuellement par virement automatique ou doit-on payer comptant?
Thérèse André	L'un ou l'autre à partir du moment où la banque peut garantir votre solvabilité.[2] Je vais vous laisser des plaquettes d'information que vous pourrez lire lorsque vous aurez le temps. Vous pourrez comparer nos prix et conditions avec ceux des autres. Je peux quand même vous dire que nous proposons la meilleure offre sur le marché en ce moment.
M. Trudeau	Très bien. Pouvez-vous me passer un coup de fil d'ici une semaine et je vous dirai ce que j'en pense.
Thérèse André	OK. Bien sûr. Donnez-moi votre numéro et je vous appellerai en début de semaine prochaine.

1   *Le logiciel* – a package software.
2   Literally, 'guarantee your solvency'.

38 Selling a product to a client

Salesman	This motor is a very good buy, sir, if you prefer not to buy new.
Max Chancellor	It certainly looks to be in immaculate condition. About two years old is it?
Salesman	Eighteen months. It only has 6,000 miles on the clock.
Max Chancellor	That's unusual isn't it? Who was the previous owner?
Salesman	It's been a demonstration model. That explains the complete lack of any dents and no rust of course.
Max Chancellor	What sort of discount could I have? Can you offer a hire purchase deal?
Salesman	We are offering a 5 per cent discount off the list price and you could repay over one or two years.
Max Chancellor	That sounds quite interesting. And you would offer me the trade-in price for my present car that we discussed earlier.
Salesman	Yes indeed, sir. Would you like to try it out?

38 Vendre un produit à un client

Vendeur	Cette voiture est un très bon achat, Monsieur, si vous préférez ne pas acheter neuf.
Client	Elle m'a certainement l'air en excellent état. Elle a deux ans, c'est ça?
Vendeur	Dix-huit mois. Elle a seulement 6 000 kilomètres au compteur.
Client	Ce genre d'occasion[1] est relativement rare, n'est-ce-pas? Qui était le propriétaire précédent?
Vendeur	C'était un modèle de démonstration. Ce qui explique qu'il n'y ait aucune marque sur la carrosserie et pas de rouille bien sûr.
Client	Quel genre de ristourne pourrais-je avoir et y aurait-il une possibilité de location-vente?
Vendeur	Nous offrons une ristourne de 5% sur le tarif figurant sur la liste des prix et vous auriez la possibilité de rembourser en un ou deux ans.
Client	Ceci m'a l'air très intéressant. Et m'offririez-vous la même valeur de reprise sur ma voiture que ce que vous m'aviez précédemment offert?
Vendeur	Oui, bien sûr, Monsieur. Voulez vous l'essayer?

1 *Une occasion* is short for *une voiture d'occasion* 'a second-hand car'. *Une occasion* also means 'a bargain'.

39 Giving an informal vote of thanks

Speaker Ladies and gentlemen, I'd like to take this opportunity of thanking Leonard White and his colleagues for arranging the seminar over the last few days. I'm sure we've all found it most interesting and stimulating, and we all have good ideas to take back with us.

I'd also like to thank them for their hospitality over the last two evenings, and I'm sure I speak for all of us when I say that the seminar has been a great success.

As you all know, we intend to hold a similar seminar next year at our headquarters, and that will give us the opportunity to return the hospitality. Thanks again, Leonard and colleagues, for a most successful event.

39 Remerciements officieux

Oratrice Mesdames et Messieurs, j'aimerais profiter de cette occasion pour
remercier Léonard Blanc et ses collègues d'avoir organisé le
séminaire qui s'est déroulé ces derniers jours. Je suis sûre que nous
l'avons tous trouvé extrêmement intéressant et stimulant, et que
nous repartirons tous avec de nouvelles idées.

J'aimerais également les remercier de l'hospitalité dont ils ont fait
preuve[1] au cours de ces deux dernières soirées et je suis sûre que
nous sommes tous du même avis sur le fait que ce séminaire fut un
grand succès.

Comme vous le savez tous, nous aimerions organiser le même
genre de séminaire l'année prochaine au siège, et ceci nous
donnera l'occasion de vous rendre votre hospitalité. Merci encore
Léonard, et vos collègues, pour cet événement très fructueux.

1 *Faire preuve de quelque chose* – 'to show (give evidence of) something'.

40 Discussing contracts

(a) Sales conditions

Client   I'm pleased to inform you that we are prepared to include your company as one of our suppliers. Before we sign an agreement, we need to agree on terms and conditions.

Supplier   We're delighted. What in particular do we need to agree?

Client   Firstly, our terms of payment are 20 per cent on receipt of the goods and the remainder within 90 days.

Supplier   We normally expect to be paid in full within 60 days, but if we can have a two-year agreement, we could accept your conditions.

Client   Fine. We also want a 10 per cent discount for orders of over 5,000 parts. Deliveries must also be made by the specified date, with penalties for late delivery. I think you've been given some details.

Supplier   Yes, and I can assure you that we are accustomed to just-in-time delivery. I'm sure that you know already that we offer good service at a good price. We're ready to sign.

Client   That's good. I have the agreement here.

40 Discuter de contrats

(a) Conditions de vente

Client Je suis heureux de vous apprendre que nous sommes prêts à inclure votre entreprise sur la liste de nos fournisseurs. Avant de signer un contrat, nous devons nous mettre d'accord sur les termes et conditions.

Fournisseur Nous en sommes enchantés. Sur quels aspects particuliers devons-nous nous mettre d'accord?

Client Tout d'abord nos termes de règlement sont de 20% à la réception des marchandises et le solde sous 90 jours.[1]

Fournisseur Normalement, nous préférons être réglés entièrement sous 60 jours, mais si nous avons un contrat de deux ans, nous pourrions accepter vos conditions.

Client Très bien. Nous voulons également une ristourne de 10% pour les commandes supérieures à 5 000 pièces. Les livraisons doivent être effectuées à des dates spécifiées et soumises à des pénalités pour livraison tardive. Je crois que l'on vous a donné des détails à ce sujet, n'est-ce pas?

Fournisseur Oui, je peux vous garantir que nous avons l'habitude des livraisons juste à temps. Je suis sûr que vous êtes tout à fait conscient que nous offrons un bon service à un prix raisonnable. Nous sommes prêts à signer.

Client Parfait. Voici le contrat.

1 Literally, 'under 90 days'.

(b) Payment conditions

Client When will I be required to complete the payment of the instalments on the new equipment?

Supplier There are several plans under which you have maximum flexibility of conditions. Obviously, you can pay the full amount in a one-off sum, which would mean a substantial saving overall as interest costs are always high in the transport sector.

Client Suppose I could pay you 50 per cent of the total cost now, what sort of arrangements would best suit us both for the other half over a couple of years?

Supplier That would depend on how we structure our own borrowing requirement, but in principle there is no reason why payments cannot be adjusted exactly to suit your circumstances.

Client Fine. Can you give me a few days to discuss this with my accountant? If the bank is willing to lend me more than I had first thought, I may perhaps be able to buy outright.

Supplier Why not? With general interest rates as they are it could be worth risking a big outlay. But remember that whatever your decision, we can help as our own finances are secured by the parent company.

Client Thanks for the reassurance. I'll let you know ASAP.

(b) Conditions de paiement

Client   A quelle date voulez-vous que le règlement final soit effectué pour l'installation du nouveau matériel?

Fournisseur   Il y a plusieurs contrats qui offrent un maximum de souplesse au niveau des conditions. Bien sûr, vous pouvez régler la somme d'un seul coup, ce qui vous permettrait de faire pas mal d'économies car comme vous le savez, les intérêts sont toujours élevés dans le domaine du transport.

Client   Supposons que je puisse vous payer 50% du montant total dès maintenant, quel genre de contrat nous conviendrait le mieux, à vous tant qu'à moi, si l'on voulait échelonner[1] la somme restante sur deux ans?

Fournisseur   Cela dépend de la façon dont nous structurerions notre propre endettement, mais en principe il n'y a aucune raison pour que les règlements ne puissent pas être ajustés pour convenir à vos circonstances.

Client   Très bien. Pouvez-vous me donner quelques jours pour discuter de tout cela avec mon comptable? Si la banque accepte de me prêter plus que je ne le pensais au départ, je pourrais peut-être faire cet achat comptant.[2]

Fournisseur   Pourquoi pas? Avec des taux d'intérêts généraux tels qu'ils sont il serait peut-être valable de risquer une grosse dépense. Mais souvenez-vous que quelle que soit votre décision, nous pouvons vous aider car nos propres finances sont garanties par notre société-mère.

Client   Je vous remercie de m'avoir rassuré. Je vous ferai connaître ma décision dès que possible.

1   To spread or stagger payments.
2   Literally, 'make this purchase in cash'.

(c) Breach of contract

Client   Well, here we have the order contract that you wanted to discuss.

Supplier   Yes, thanks. The paragraph I wanted to look at was this one, 9b.

Client   Is there a problem?

Supplier   It indicates that unless we deliver within three days of the date indicated, we are in breach of contract, and the order can be cancelled.

Client   That's part of our normal contract. Would you have a problem with that?

Supplier   I find it a bit unusual.

Client   We've had to introduce it, because in the past we had lots of problems with suppliers missing the delivery dates by weeks. We have lost customers because of that. Since we introduced this new clause we've had far fewer problems with delay.

Supplier   Is it possible to vary it a little?

Client   In what way?

Supplier   Well, I find three days very restrictive. We'd be much happier with one week.

Client   I'm sure you would! Any particular reason? Have you had difficulties meeting dates in the past?

Supplier   Only rarely, but it does happen. And it's usually because a supplier has let us down. I'd like to modify that paragraph a bit, to give us a little more time.

Client   Let me check it out with my manager. I'll get back to you in the next 24 hours.

Supplier   Thanks.

(c) Rupture d'un contrat

Client	Bon, voici le contrat d'achat dont vous désiriez discuter.
Fournisseur	Oui, merci. Le paragraphe qui m'intéresse est celui-ci, 9b.
Client	Y a-t-il un problème?
Fournisseur	Il est dit que si nous ne livrons pas sous les trois jours après la date indiquée, il y aura rupture de contrat et que la commande sera annulée.
Client	Cela fait partie des clauses normales de nos contrats. Cela vous créera-t-il un problème?
Fournisseur	J'ai rarement vu cela.
Client	Il a fallu que nous prenions ce genre de mesure car il nous est arrivé d'avoir beaucoup de problèmes avec des fournisseurs qui avaient jusqu'à plusieurs semaines de retard. Nous avons perdu des clients à cause de cela. Depuis que nous avons adopté cette nouvelle clause, nous avons eu beaucoup moins de problèmes au niveau des retards.
Fournisseur	Serait il possible de la modifier un petit peu?
Client	Dans quel sens?
Fournisseur	Eh bien, je trouve que trois jours c'est un petit peu trop restrictif. Nous serions bien plus satisfaits s'il s'agissait d'une semaine.
Client	Je suis sûr que vous le seriez! Avez-vous des raisons particulières? Avez-vous déjà eu des difficultés à respecter les délais imposés?
Fournisseur	Rarement, mais c'est arrivé. Et c'est généralement parce qu'un de nos fournisseurs n'a pas respecté les siens. J'aimerais que ce paragraphe soit un peu modifié, pour nous donner un peu plus de temps.
Client	Laissez-moi en parler avec mon directeur. Je vous contacterai d'ici 24 heures.
Fournisseur	Merci.

41 Meeting visitors at the airport

John Andrew	Messrs Martin and Bertot from Toulouse?
M. Martin	Are you Mr Andrew from Perkins Industrial?
John Andrew	Yes, hello. I am glad to hear that you speak English, I was trying to remember my schoolboy French on the way to the airport.
M. Martin	My colleague Bertot cannot speak English I am afraid, so you may need some of your schoolboy French, or perhaps an interpreter, when we come to discuss the contract.
John Andrew	Right, I'll see to it. Are these your bags? My car is just outside. Did you have a good journey?
M. Martin	We had quite a good journey. For some reason our plane from Toulouse to Paris was delayed so we nearly missed the Paris–Birmingham flight.
John Andrew	I am sure our Chairman will be pleased that you made it. We have high hopes for our proposed deal. Would you like to have a coffee before we leave?
M. Martin	Don't worry, we had an excellent breakfast on the plane.
John Andrew	Before we get back to talking shop can I just ask you what time you need to check in for this evening's return flight?

41 Rencontrer des visiteurs à l'aéroport

John Andrew	Messieurs Martin et Bertot de Toulouse?
M. Martin	Êtes-vous Monsieur Andrew de chez Perkins Industrial?
John Andrew	C'est cela. Je suis très content de voir que vous parlez anglais; j'essayais de me souvenir, en venant à l'aéroport, de mes leçons de français lorsque j'étais écolier.
M. Martin	Mon collègue Bertot ne parle pas anglais; il faudra donc que vous retrouviez certains éléments de votre français scolaire, ou peut-être devrons-nous utiliser les services d'un interprète lorsque nous en viendrons à discuter du contrat.
John Andrew	Très bien. Je vais m'en occuper. Ce sont vos bagages? Ma voiture est juste en face. Vous avez fait bon voyage?
M. Martin	Oui, nous avons fait un relativement bon voyage. Je ne sais pas pourquoi mais notre avion de Toulouse à Paris a eu du retard et nous avons failli rater notre vol pour Birmingham.
John Andrew	Je suis sûr que notre président sera très content que vous soyez arrivés. Nous avons de grands espoirs pour notre affaire. Voulez-vous prendre un café avant de partir?
M. Martin	Ne vous inquiétez pas, nous avons pris un excellent petit déjeuner pendant le vol.
John Andrew	Avant de reparler affaires, puis-je vous demander à quelle heure vous devez être de retour à l'aéroport pour reprendre votre avion ce soir?